Buscar la lengua

Néstor Díaz de Villegas

Buscar la lengua

Poesía reunida 1975-2015

ISBN: 978-94-91515-33-0

VICIO DE MIAMI [1997]

Por el camino de Sade [2003]

CUNA DEL PINTOR DESCONOCIDO [2011]

GODOT EX MACHINA

CUNA DEL PINTOR DESCONOCIDO

Talking Head

If Life Is Not A Dream

The Afternoon of Gianni Versace

CHE EN MIAMI [2012]

PALABRAS A LA TRIBU [2014]

ESCRITURAS

BIFURCACIÓN

A E.M.

En el parnaso de posibilia

Mi primer poema conocido es una «Oda a Carlos III». El editor David Landau intentó reconstruirlo tres décadas más tarde, en el prefacio de *Por el camino de Sade*, basándose en lo poco que yo recordaba, aunque sin éxito. La misma operación de rescate se repite a lo largo de este libro: hay frescos bombardeados, cuadros esfumados, presencias dispersadas y vidas en plena decadencia, que pretendí restañar en el poema.

Los retablos de Andrea Mantegna en la capilla Ovetari, de Padua, destruidos por las bombas de la aviación aliada; *La expulsión de los comediantes*, de Watteau, de cuyo paradero nada se supo (solo queda el grabado de Louis Jacob); los lienzos de Caravaggio, que viajaban en el barco que el pintor perdió en Porto Ercole; Guevara, vagabundo en Hialeah antes de ser el Che; el rollo de *Los 120 días de Sodoma*, extraviado en la Bastilla… También el hotel Colón, en el *downtown* de Miami, donde escribí sonetos a esas ausencias, hoy borrado del mapa. Si en el principio era el vacío, mi libro no es la excepción.

Estos poemas no surgieron en un típico medio literario, sino en la más pura necesidad, y sus posibilidades de llegar al público eran nulas. *Vicio de Miami*, publicado por mis amigos ante el anuncio de mi muerte, vio la luz en 1997, cuando yo cumplía 41 años. Antes de *Vicio*, publiqué –en mimeógrafo, al carbón y en Xerox– pequeños cuadernos en tiradas de quince o veinte ejemplares.

Canto de preparación (1982), que contiene también textos de Pedro Jesús Campos, tuvo como único lector al profesor Ángel Aparicio, de la Universidad de Redlands, California. Aparicio se entusiasmó tanto con la obra juvenil de dos recién llegados que la enseñó a sus alumnos y la reunió en un librillo. Allí figuran los poemas escritos por mí en la cárcel de Ariza, de los que incluyo una muestra. *Vida Nueva*, de 1984, tuvo tres lectores: Alex Loret de Mola, otra vez Pedro, y Reinaldo Arenas, que publicó *Odas olímpicas* en la revista *Mariel*.

La edad de piedra, de 1987-1991, no existiera sin la ironía de la profesora Marisol Arbeláez, la insistencia de mi amiga Lourdes Guigou y la belleza salvaje de una tal Patti Perfect, para quien compuse el primer ciclo de sonetos. Son cuadernos ilustrados con desechos de fotocopiadoras y sobrevivieron todos estos años gracias al celo de Olga Connor, Cristina Nosti, Juan Carlos Castillón y Lesbia de Varona.

Vicio de Miami apareció en el ambiente de las tertulias de mediados de los noventa, que tenían lugar en las residencias de Benigno Dou y Maggi Trancho, por donde pasaron, en distintas noches, Eduardo Campa, Félix Lizárraga, Esteban Luis Cárdenas y Heberto Padilla. *Confesiones del estrangulador de Flagler Street*, de 1998, se debe principalmente a la presencia de Ramón Alejandro, al deslumbramiento que me causó su mefistofélica persona, y a su generoso encargo de escribir un libro para la colección Baralanube, de las Éditions Deleatur. En 1998 apareció *Héroes* en el sello Dylemma, que creamos juntos, en mi casa de Coral Gables, Pedro Damián, Germán Guerra y yo.

Desde mi regreso a Los Ángeles han salido *Por el camino de Sade / Sade's Way*, escrito en la Pequeña Habana y publicado en 2003, en San Francisco; *Cuna del pintor desconocido*, que comencé en 1996, como secuela de *Vicio*, y completé en 2011, el año de su aparición en la editorial Aduana Vieja; *Che en Miami*, un poema hípico de tres mil versos, también en Aduana Vieja (2012); y *Palavras à tribo / Palabras a la tribu*, en edición bilingüe, por Lumme Editor, de São Paulo (2014).

Retrospectivamente, reconozco en mí el dilema del autor que sobrevive una obra escrita al borde de la tumba: años más tarde sus versos indifuntos caen bajo la jurisdicción del florilegio. Mi discurso de despedida sonará siempre prematuro: me tocó en suerte ver el día después y tener vela en mi propio entierro.

Tal vez por eso mi nombre no figura en las antologías, los anales o las nóminas de ningún movimiento o escuela: no me reflejo en los espejos, existo por generación espontánea. Soy esa entidad en clave filosófica que inventó David Chalmers para poblar los mundos de la posibilia: un zombi poético que existe únicamente en el reino perdido de su primera lengua.

NDDV
Los Ángeles, septiembre, 2015

Ariza

[1975]

Narciso

En estos ojos de profeta
el mundo no verá más que ceguera proverbial
y poesía.

Ni siquiera alcanzará el espejo de sus ojos.
Ni siquiera alcanzará su corriente.

Verá el fondo, siempre el fondo,
que es el tesoro de las aguas claras

(pero en las aguas turbias
el tesoro está en la superficie).

Glosa

Me basta con las lluvias que llevo en la memoria:
pero la vida es una amarga y renovada
identificación.

Me basta el amor tuyo de alguna vez,
todas las formas siguen naciendo de él
inextinguiblemente,
todo lo posible de esa única realidad.

Pero la vida que vivimos no es un sueño
aunque todos los sueños puedan ser esta vida.

Penélope

¿Qué secreto hilo comunica
la nostalgia y la ausencia?

Tejiendo va la trama
a dos agujas
con ambos hilos.
Es una red donde los peces
más profundos quedan atrapados
y algún que otro recuerdo
revolotea y vaga
procurando escapar en las noches
cuando los nudos se disuelven
en el agua
y la red comienza su retorno
desde el principio
hasta el anochecer.

Los peces que conocen el juego
se divierten en ser atrapados.
(Cuando Odiseo regrese
quedarán cautivos
de sus divertimentos
de peces sabios).

Haber vivido

Aires de un concierto crepuscular
devastaron el occidente del desierto.
Los secos cauces de los canales muertos
como flacos brazos extendidos
han tañido el silencio.

Al final, sobre el triste océano amarillo
se hunde el barco secular.
Lleva consigo a los queridos,
a los que han dejado
con sus plantas sangrantes
en la ribera de la vida
su falaz testimonio
de haber vivido.

Para la noche

Para la noche
sería escandaloso este onanismo.

Para la noche
múltiple de los cuerpos.

Para la noche despierta
y larga.

No la noche de los sueños,
sino para la noche que multiplica
todo dos veces
y que afirma todo dos veces
antes que cante el primer gallo.

Último bolero

Más solo que una estrella
muy poco espera, o nada,
del tiempo que vendrá.

El negro corpachón plateado de su frac
reluce entre las tristes
sombras de sus compañeros,
tarambanas noctámbulos,
bajo la bóveda boreal
que encubre su miseria
y el mecánico oropel del selector *deluxe*
que no lo elige más
cuando pasa borracho entre las cuerdas.

Vida Nueva

[1984]

Varadero

llamar a la máquina *machina*
al volante el chofer
sus chistes vernáculos duraron todo
el camino de una larga
y bien pavimentada carretera
el balón del pequeño redondo y con listas
la paleta y el cubo
construcciones de arena
alguien hizo una enorme mujer de arena
le puso algas en el pubis y dos uvas caletas
en los pechos el agua venía y la borraba
el pelo era de algas secas
se reunieron muchos curiosos alrededor
por la tarde los espejuelos oscuros se hicieron
innecesarios el mar verde
tonalidades de verde dijo y el cielo azul
nos quedamos descansando un rato
las toallas listadas y las sombrillas
luego regresamos en caravana cansados y curtidos
nos quitamos el agua salada
y enjuagamos las trusas —estaban llenas de arena
y nos pusimos ropas frescas
al anochecer, en el portal.

Versailles

en los espejos —tránsfugas coloniales,
pedazos de comedia—
alguien arruga la cáscara crujiente
de sus trajes: han traído el mediopunto
del mediodía con ellos.

O tal vez el calor se deba
al exceso de *habanos*
o a las sazones de la refrita
que saliendo en algarabía de la cocina
dejan las medias puertas dobles
balanceándose

¡Tráeme un sándwich cubano!
¡Una cerveza fría!

       el humo aleja
            sombras proscritas.

M

Otra pelea–

La esposa espera detrás de la puerta
con las viñetas descoloridas de los estantes
y las arroja al suelo como si fueran
frutas (conejos, ramos, rosas, olores) reales.

Se limpia las manos –sus manos
amorosas de las que vive prendido
el beso– y crea un Rothko instantáneo
de la pobreza
sobre el delantal.

Poema

Te imaginas la colección
de corbatas regaladas
a un pobre security guard
por sus dueños?

un poor security guard que tiene
que soportar la trama empalagosa
de corbatas medi-ocres
marrones o verde mariposa

turbias, sucias, románticas, odiosas?

Situación

la calle se aleja en dirección NW, SW
tiene el ritmo del viento
aún dos palabras una detrás de otra
pueden lucir estética
mente bien pero no éstas
no hay rimas ni imágenes que valgan
describen tan clara, insuficientemente
tu situación que cualquiera diría
que estás perdido.

Paisaje familiar

Al otro lado de la pared los oigo.
Se lanzan los mismos cacharros,
se llaman por los mismos nombres
—reconozco en sus voces
la escuela de llanto de mi hermana.

Sus golpes forman un paisaje audible
y yo me siento a contemplarlo.

Puertas

¿qué puede detener tu puerta?
cuando la cierras, ¿de qué
te aísla, de qué te separa?

parece ser la cara visible de tu odio,
y si es blanca, la cara honesta de
tu sepulcro, empolvada.

Idolatría

Los ídolos roídos por el viento
ya no son terribles ni perfectos.
Siguen siendo ídolos,
pero nadie los ama.

Lo que quiere decir que algo
ha quedado, imperturbable.

Orden

El orden es el milagro desastroso
de nuestras vidas.

Ahora mismo estoy componiendo
un orden bajo la apariencia
de una justificación o de un deseo.

Bajo pretexto de decir algo
yace un orden:
hasta cuando callamos es el Orden
quien ordena callar.

Trofeo

para Julian Schnabel

El peso de las generaciones
es como un perro muerto en el estómago
(marchan, gigantescas, enarboladas,
llenas de jóvenes atletas en fila).

Son la Sangre, la Vitalidad, la Justicia
y también el Rencor
de los que no murieron:

la Envidia de no verse reflejados en la Muerte
—niquelada, reluciente—
de estos dioses imberbes.

Poema

a David Salle

1
dos de cada tres milagros
ocurren en horas de la noche
inflingidos sobre cuerpos inocentes.

2
la simetría del beso,
no siempre compartida.

3
la imaginación es el destello de
una lumbre que se apaga.

Arcades

I

Apresados en el opaco
vinil de los sórdidos valles

qué si no eso
era

el laberinto cuadriculado
donde ambos trazamos
nuestros nombres

en la tinta apresurada
de los *spray-cans*:

un maquillaje
para las máquinas

o una voz a la que no
basta
el eco

arcos de luces voltaicos
ensueños de neón

se-gu-ri-dad
in-te-li-gen-cia
pa-sión de nada valen

despilfarra un token más
y apuesta a lo más alto

ordenan descender sobre
el asteroide azul
que dispara su música

before the game is over

II

Entre el nudo diverso
al control aferrado
sin vías de comunicación

giros perpetuos
descensos

colonias de huérfanos
quásares
prestos
a la invasión

recorrer el pasillo celeste
la bóveda acústica
el laberinto: escapar

oprimir el botón de
disparos radiales

destruir el opresivo círculo
gravitacional

descifrar su feroz estrategia
o ganar!

III

sobre el asfalto luminoso
en los entronques inesperados
solo su huella persiste

el laberinto su morada
dédalo: el capricho
que la muerte nos depara.

IV

Otra vez a salvo.
Atrás quedaron los pasadizos
secretos

en el ámbito
aún resplandecen
fosforescencias.

Con una trampa
—ahuyentados— ascendí
hasta el más alto *score*.

No volveré a jugar
lo prometo

—quebradiza promesa
de jugador.

Niños Babysitters Babilonias Orejas

1

Babilonia está cerca.
A las alturas de las orejas de un dios sordo.
Sordo como una tapia
a las plegarias.

2

Oh Dios, hazme tragar la lengua.
Separa la cabeza del cuerpo.
Hazme de nuevo!

3

El silencio es un sonido muerto
antes de nacer

el capricho de un goya mudo

la sinfonía *composta per festeggiare...*

La babysitter dijo:
escúpete las manos y ahora huele.
Escupes a otro niño.
No escupas a otro niño.

En la boca tienes un ratón.
El ratón viene y te come la lengua.
Pásate la lengua por la mano
y ahora huele.

Sopla y no duele.

Vaginas donde un niño anormal
espera ser recuperado.
Su cuartilla llena de garabatos.

Colonias extranjeras sobre la cabeza
detrás de las orejas, sobre el pecho
esparcen
babysitters violentas

que castigan y besan.

En sus orejas, el mapamundi verbal
dos estaciones de radio cruzadas
dos lenguas muertas redivivas
dos menús diferentes.

En sus ojos, los cristales convexos
dos acuarios secos
dos televisores desconectados
dos bibliotecas vacías.

Alaridos en cajas a la venta.
Falta poner la lengua sobre la pista
y aplastarla con botas inhumanas.

Forman un capítulo aparte de la lírica:
1. La mezzosoprano decapitada.
2. El tenor con los genes invertidos
   que canta como un niño.
3. El elefante con orejas de hombre.

Vida Nueva

para Alex Loret de Mola

1

En los espejos borrosos ha llovido.
Autotrenes atraviesan el parque de los olmos.
Desde su ventana imperial divisa:
el parque, el arco de triunfo, los acueductos.
Vuelve sobre su mesa y descifra un jeroglífico.
En la desembocadura de sus largos brazos
acechan leones entre los pinos.

2

Altas montañas, capiteles decapitados:
el mundo está a punto de morir.
Somos otros. El bosque se ha incendiado.
El jardín negro de los ídolos, chamuscado.
Voy a traducir estas páginas a los dialectos
del Norte.
Voy a leer esta página en el anfiteatro,
donde los diálogos retumban entre las piedras.

1983

Caminamos por las largas avenidas en sombra.
Por los largos corredores interminables.
O con los brazos desnudos y los ojos
velados por las sombras, avanzamos
en interminables jornadas por las avenidas
de la Ciudad que el tiempo ha ido construyendo
desganadamente, a diestra y siniestra.
Oh largas cintas, vetustas avenidas
en medio de los campos de verde, oro
de los palacios enhiestos, demolidos
vueltos a levantar.

Babel

Ya estamos al pie de la torre
y yo te invito a entrar, a escalar
con estas palabras:

Desde aquí podrás ver todos los reinos del mundo
y su gloria.

Innúmeros esclavos de lenguas confundidas
en el trasiego desesperado descienden
cual desnudo precipitarse de sombras
en un vaso helado y transparente.
Vaso enhiesto hacia el cielo, de jade.
Arpegios y rumores en lenguas inaccesibles.

¿Entramos?

Odas olímpicas

I

1 De níquel el soporte armonioso
de sus caderas.
De níquel su pecho
plagado por el himno.
De níquel su pelo, undoso
modelado.
De níquel su gesto.
8 De níquel su acerado cuerpo
de atleta onírico.
De plata su garganta
engastada en un verso
conmemorativo.

13 De níquel sus venas vaciadas
según moldes olímpicos.
De níquel su mirada.

II

1   A la competencia acudieron
sin gloria
a ver cuál mejor recorría
la distancia.
5   Agolpada en *fast lanes*
en dioses, en perspectivas
en signos arbitrarios.

8   En el Blanco del·Ojo:
Negro, Rojo.
Círculos.
11   Rectángulos.

III

1   Conquista yardas frágiles.
      Cien yardas de paisaje.
      Coyunturas frágiles.
      Eyaculando por gusto en el pasto
5   el registro de huellas en el *turf*
      en el pedestal un vaso
      piernas elegíacas, alérgicas
      consiguen su ola
9   apagadas las llamas consagradas
      del fuego olímpico.

IV

1   El desganado derrumbar
y construir
la pirámide o el cono
de acero
sobre el hielo olímpico.
Los esquiadores trazan líneas
en el fragmento helado
confundidos laberintos nevados
9   escritura bélica de aros
congelados.

11   el derrumbe oficial
los conos dolorosos, de sombra
los tres niveles de los
vencidos, de los desconocidos

15   los tres órdenes
las tres rayas.

V

1   rompe la ola, la queja
       un yambo en la espalda
       abreviaturas dóricas
       signos en las calles
5   números enquistados
       ráfaga en la cumbre
       promontorio o colmena
       arroja en la yerba
9   descifra en la frente

       Señas de desodorante
11   señas de tomar agua
       círculos, esquíes trazados
       en el aire
       en la nieve invisible
15   de un altar que el atleta rompe
       –círculos, rombos, señales–
       con su frente descifrada.

La edad de piedra

[1991]

Augurios

si el mundo tiene un fin
la noche es un buen augurio
por eso mi boca está cansada de palabras
devuélveme la salud
oh mundo corta ya tus nudos!
al final nada será distinto del principio
el viaje dura un día
en mi calzado anidan serpientes
hay unos que esperan por mi sabiduría
aún otros esperan por mí
todavía yo únicamente espero
una salud sobreabundante me depara la enfermedad
la plaga, poderosísimas cosechas
calamidades dignas de un imperio
los sollozos, endechas
el mal se hará sentir en todos los rincones
se escribirán libros
se inventarán las tablas para escribir la historia

no más supersticiones!

El niño

Hay una causa y el efecto de una causa
y hay un niño llorando en el medio
de un bosque

están sus pasos marcados en la arena
y sobre las hojas

¿cuál es el camino de regreso? Madre.
Sigue adelante. Padre.
el rey de las heridas y de los besos
el bosque se mueve lleno de vida.

un niño no nacido de vientre de mujer
un rey sin espada, su corona de ramas
y de espinas.

Bazar

aparte —no cleverness
no idea can save me.
The world and I have
very little to say to each other.
la sabiduría, aún la suprema sabiduría
el amor, aún el supremo amor
no los cambio por la dulce muerte.

qué gloria
qué recompensa
si la muerte fuera cierta!

apartar los tesoros de la vida
los shelves del bazar jónico:
columnas de ágata y baquelita
contienen relojes de oro
reglas de oro, falos de goma
con la cara de Dios en la cabeza.

Farsa

geométrica es la aurora en las torres
hay que cuidar qué bien escoges
tus labios son dos canales, y el mundo
un espectáculo que busca entretenerse con tus ojos

quedan dos hombres solos
y la farsa continúa con un diálogo.
Uno debe —necesidad, locura— matar al Otro
y la unidad simplísima y sin rival
emergerá de sus manos, como una flor
ofrecida.

Aurora

Arca nueva Tierra nueva
un nuevo despertar
un nuevo amanecer

delante de los ojos la tierra sulfúrica
columnas de humo verde
el yunque terroso, el viento detenido
y el espacio

(línea de oro
un hombro de marfil)

el aliento escandaloso de un libro
mis deseos de ser bueno, buscar en el espacio
un tesoro:
el tesoro está escondido en algún confín del aire
existirá such a thing as a *bad election*?
habré escogido mal la ropa?

estoy desnudo?

El año del eclipse

Sombras intrusas en los árboles muertos
arrojan daguerrotipos lunares

hombres masturbándose mutuamente
mujeres arrodilladas ante pedestales
un tatuaje de hojas en su piel
torres inclinadas que las horas baten

y en medio de todo
siete círculos concéntricos de altavoces
que repiten en ecos sucesivos
las palabras del Único arengando

al hombre que corre
en torno de sí mismo.

1985 A.D.

aventajas en dicha a tus semejantes
eres el varón la copia de los varones
el último ladrón y el primero
las manos manchadas de sangre
en los barrotes perdiste tus señas particulares
un incierto aire te hace lucir asesino
o profeta or both
tu cansancio es justamente más viejo que tú
la compañía que me das hoy
¿no significa… *nada?*

Un gato cayó en un pozo

A los 6 años poliomielitis
a los 10 alcohol en las venas del padre
jeringuillas, pelotas de corn-flakes
snow-balls

el hombrecillo de nieve
nacido en los estudios PAZ de Leningrado
en el cine local los fines de semana
—recogeremos setas en el bosque
fresas, bayas y frambuesas
en el cepillo del puercoespín.

30 años

la vida es una pesadilla quien escapa suelto
bajo el hacha muere resurrecto en la semilla
regresa padre sombra o dios
el puño que mata se cierra entre los ojos
trayendo la noche y el rayo y la inocencia de un golpe
la inocencia recuperada y repentina
de la muerte como un regreso.

A la 1 y 30

las piedras ruedan
los colmillos afilados se clavan en la garganta
escupitajos de cocacola.

cieno dulce, tibio cieno.
te lavas en la palangana
el agua mansa refleja tu pinga

las gotas deshacen el ventilador del techo
hay una herida que guarde
toda la sabiduría
una herida mortal?

yo que soy un motherfucker.

Four Walls

deja el escueto escenario de tus placeres
no debes apagar la radio
su canción —eso era lo que querías oír.

asegúrate: no es suficiente
haber nacido
para llamarse vivo entre los vivos

hasta los dioses temen a nuestros muros.

Pido la palabra

que tienes algo que decir?
y no te sientes dichoso
semejante a Dios?

que no tienes nada que decir?
y no te sientes parte
de nuestra algarabía silenciosa?

Indeterminación

protegidos en la confianza y el calor
por unos muros a punto de derrumbarse.

estamos enfermos
nuestra temperatura así lo indica
se mueve hacia el rojo
de la ventana:

desde cualquier observador
lo mirado merece morir.

La condena

una mirada no cambia nada
es la única manera de decirlo.

los impotentes gritan y no creen en nada
los ídolos se rompen solos
una aspirada más profunda en el
carbón de las venas te pone azul

bajo el letrero del café.

Urbe et Orbi

una docena de árboles talados
y el hacha prodigiosa los maldice.

vivirán en urbe con decoro
oh hijos míos bienamados!

solo existen tres o cuatro cosas
atadas con cuerdas a las otras
tres o cuatro cosas que no existen.

Soneto 1

Nada nadita nada nadería:
círculo, pista final y bobería.
Si existes, habla, da golpes en la mesa:
eres inabarcable y cabes en un beso.

Del secreto tú dueña, y del sueño,
si te dejas te atrapa, matadora,
en un traspaso pisas su terreno
y te aspira, sombría aspiradora.

No existes, eres negra y transparente,
das vértigo, sin fondo, sin medida:
los que caen en ti no viran.

Eres quitar la pieza que gira,
el tornillo que aguanta el fuselaje,
llave mono arrojada al engranaje.

Soneto 2

Borrarte, el accidente es bello,
el cañón, el crepúsculo de la aurora,
el aire en el crisol, la adolescente,
el mármol y la lluvia y el poniente.

Los dados al azar tiró el día,
borradas luminarias se construyó la noche:
si falta lo que sobra, todavía
en lo poco se expresa lo que borra.

La mano –borrador de lo aparente–
recorre el cristal y descubre el puente
que el invierno guardó con maña fría.

Tu rostro es velador y velo hiriente:
un sufrimiento escaso y sonriente
de lo que esconde, y de lo que fía.

Soneto 3

Cocacola atanor, si Bic el fuego.
Salamandras debajo de expresweyes.
La ceniza es el baño de los reyes.
Calcinación Marlboro en este juego.

La Piedra, tumba angular de la agonía,
inunda los pulmones sopladores
que siempre piden más, y la porfía
los hace vagabundos vencedores.

Metálica ilusión, filosofía
de exilios doblemente callejeros:
«La Culpa no es de dios, ¡la culpa es mía!»

claman, mientras registran los calderos
en busca de la Sal del otro día
para saciar la sed del día postrero.

The Tempest 3, I

para Patti Perfect

I

en sutiles espejos sepultados
y en cunetas de cuestas corroídas
encima del pelo, debajo de la espina
ocultas tu simiente de relajo

culpa de dios, canción sin ser que vierte
un cortejo ritual en cada suerte
se aspira un opio claro por la muerte
de células, de cómputos, de risas

tu nombre es breve y falso
acuden perros cuando orinas
eres un ángel en el desparpajo

cubres tu rostro con terciopelo bajo
puyas y muerdes y besas entre risas
eres la culpa, el dueño de la Vida!

2

llamo y me desespero, teléfono de cuerdas
embrolladas en términos y líneas
que esperan eléctricas sonrisas
desgajarse desde el fondo de la nada

acudo al *ring* primero presto oído
muero al primer clamor de inciertos
«yo no puedo» y desnudo mi voz
en versos nuevos que tu amor reclamó

de mis costillas, andando como un bote
a la deriva, te busco aquí, allá y no te encuentro:
dame una noche de soledad divina

compartiendo tu lecho entre revistas
acurrucados, solos, con la vista
clavada entre los toldos de la Aurora.

3

es tu pecho vulgar, pequeño seno
diamantes de carne en puntiagudo duelo
pues la mano reclama cónicos desvelos
y la boca su bocado pesimista

yo te alabo y te aplaudo desde adentro
écuyère nefasta de alcohólicos caballos
acróbata sin frenos que en la pista
desnuda silogismos solitarios

Vimos horror brindamos a la vista
del mal y celebramos solidarios
culpa y dolor cuando besamos sabios:

en cada boca está el pesar ajeno
seremos lejanos compañeros
de ilusiones que sepultó el verano.

4

una clara apariencia un ser alado
yo pongo el dedo en la herida
tú eres joven y suave y vencida
vienes y te acuestas a mi lado

hablamos ya muy tarde de la vida
y de cuánto todo esto te ha costado
me miras y un silencio que suspira
envuelve el pobre cuarto iluminado

jugamos a las ruedas encendidas
nos atrapan los cercos preparados
por otros que antes que nosotros han llegado

descifrando siluetas desunidas
despejando las álgebras vencidas
de un juego interminable y fatigado.

5

Simple ¡no puedo ser! ni complicado
un reino de dios bajo banderas
un pináculo de sombras verdaderas
un embrollo de símbolos y manos

Temblores que se cierran en gargantas
besos que tiemblan como heridas
sueños sepultados por la vida
que regresan y en sueños se agigantan

Tu sabor es de tierra y de bebida
he probado tu adiós en otro lado
soy un sol y navegamos juntos

separados por horas funerarias
breve reflejo el mío en tu mirada
luna de tibia tinta en la ventana.

6

En clara oposición a tus conceptos
sudando por un punto muerto
desciendo en arabescos claros
hasta el pozo perfumado de tus manos

hablo de amor, radio complicado
sumario de noticias de la hora
hablo del mundo y de las cosas:
podría olvidarlo todo por ti ahora

el deseo inmortal la regla de oro
los pasos demarcados en la arena
sombras de tu fe y de tus penas

cantando pequeñeces en tus venas
como el amor que hemos olvidado
regreso de las sombras a tu lado.

7

soy uno y único y entiendo
que es demonio enterado de tu vista
el que sacude argollas perfumadas
para que tire el traje y me desvista

yo cumplo un ritual de paradojas
soy un no ser que imita a un alquimista
viejas monedas que saltan a la vista
desde el frío papel de mi redoma

y acuño ingratos versos a tu sombra
soy un tropel que evita la conquista
solo al hacer del mono la maroma

prejuzgando la fuga de la mona
entre cócteles y pases y revistas
sobre tu sien mojada la corona.

8

¿Me entenderás, amor, a mí
que de tus copas y baños desnudos
hago apariencias enfermas y que luzco
como un gramático a punto de la cólera?

el menor gesto el menor daño duele
en la montaña general del mundo
no esperaba encontrarte en algún verso
visión que acude cuando se la llama

eres el ser, de ti el privilegio
de un sol, de quebrantados símbolos
que acogen en tu cuerpo una sombra

tuyo es el velo con que los demonios
benévolos del alba se vistieron
para esperar danzando la aurora.

9

Crees en mí –en mis palabras– o en lo otro
crear un mundo nuevo de lo ignoto
está en cada pecho roto
un vibrante final a lo remoto

Se acerca se corona crea un mundo
a cuyas órdenes ahora todos juran
una verdad de sueños y locuras
nace como una flor de un pozo

Te sostienen piernas de carne y hueso
tu voz el alba, tu canción el cielo
tu risa es como el terciopelo

Tú desnuda eres la esbelta sierra
que bordea las sombras callejeras
de un pueblo donde vi la luz primera.

10

Curas tu sombra con versos cortos, sucios
cargados a la cuenta de la vida
respiras y no sabes que respiras:
hay dos o tres detrás de cada odio

el amor, con su dolor sin fondo
alegra el pecho suave que ha partido
la pedrada jovial de unos latidos
poderosos, locuaces y profundos

tus ojos son del mito los colores
tu sonrisa los soles de la noche
tus pechos entreabiertos son un broche

el regalo de intrigas impacientes
que juega el absurdo con la gente
para que crea en la Nueva Vida.

La sangre del poeta

a Pedro Jesús Campos
en el crepúsculo del virus

I

una noche anoté mis pensamientos
en hilos rápidos de tinta
y me volví en hilo entero
un embrollado culto del tintero.

fui papel y seré papel si muero
he de tornarme luego fuego
manchas de lluvia en el pensamiento
marcas dobladas en las esquinas.

ojos: yo estoy aquí, ojos salven
este hilo traidor que me traiciona
un enredo de páginas y gloria

estuve andando con la vida ahora
no creas este estrépito de hojas:
yo soy un hombre si muero.

2

Hablo en notas cargadas de mentira
la curva es anotada en la espalda
una silla se cuelga de la esquina
estamos parados en La Habana.

Tú subes y hablas con un muerto
otro se sacude allí la tranca
no mires, es tu fe la que no olvida:
estamos solos y no somos nada.

Giras y se te derrumba el pelo
vuelcas tus iras en la nada
se acaba el acto en el tintero

si hablas escuchas sin que nada
pase al oído y del oído quiero
arrancar el sonido traicionero.

3

límite del crecer y del perderse
límite ahoga la garganta herida
sin límite la llegada y la partida
de un ilimitado estremecerse.

un calor en la frente penitente
no dices si el sabor es fuerte
te sigue ya la sombra de la Peste
un caso clínico de la muerte.

un beso apagado en cigarrillo
un *no* veloz y un *sí* urgente
un gobernador de la gente

sin ti el espectáculo se acaba:
sangra la herida que no contenía
una cura en la punta de la espada.

4

En el hilo sembró una semilla
agua reflejada en los tejados
arma sin filo que pacientemente
desnudaba la risa y el costado.

Allí sentía su tirón mojado
hacia allí trepaba y hasta allí corría
era un punto final que terminaba
una fuga jamás acaecida

y por el hilo asoma, y por la soga
el retorno, al girar la anatomía:
es la entrega de un sol que se ahoga

y se cumple en la breve compañía
que corta de un plumazo dos coronas
la tuya –la de entonces– y la mía.

Vicio de Miami

[1997]

La ciudad, la puta y el payaso

Susurrante ciudad, ciudad querida,
ahórrame tus muslos de concreto,
aparta de mi faz tu virgo escueto,
reposa en esta noche compartida.

No quiero que descubras el secreto
de este pobre infeliz de mala vida,
si es que a la mala muerte se le olvida
que he encontrado en tus muros parapeto.

Mira el molde de yeso de tu sombra
desmoronarse al grito del ocaso:
no le cierres la puerta al que te nombra,

tú le exiges un reino a cada paso,
él se ríe de lo que a ti te asombra.
Confesión que una puta hace a un payaso.

Downtown

Rezo para que el *Congress* se esté quieto
y no se derrumbe encima de la vía.
Salto a la cúspide de los rascacielos
y bendigo a mi paso la avenida.

Recortada sobre un muro rojo
hay una torre –alfil de granadina–
un minarete de oro, una cortina
de espejos que me miran de reojo.

Compro un *hot dog* en el puesto del Cojo.
Robo una arepa a la india Josefina.
Al Hare Krishna le doy una propina.

Y veo un grupo de elefantes flojos
atravesar la calle en la neblina,
y la palabra *Azul* doblar la esquina.

Grant
en North Miami Avenue

Tres columnas borradas con acrílico,
otras tres sobre blanco. Una fachada
con la frente de abrojos coronada
lleva un nombre en rápido cirílico.

¿O es que su identidad descascarada
se pronuncia en un lamento etílico?
¿Partenón melancólico o idílico
entrepaño de cal almidonada?

Se sostiene sobre los fundamentos
de un mercado de haitianos traficantes
en vestigios de tul y condimentos.

¡Quién descubriera lo que fuiste antes!
¡Antes que la ciudad sin aspavientos
confundiera edificios con gigantes!

McCrory

Cae una lluvia que moja los talones
y me refugio dentro de *McCrory's*,
entre una colección de pantalones
y empleadas con nombres como: Doris.

Hay cocodrilos húmedos en venta,
toallas con el mapa de Florida,
bañistas en los tintes de la felpa
y letreros que indican las salidas.

Ceniceros de concha, lapiceros
con flamencos rosados que alzan vuelo,
y calzoncillos y sayas y pañuelos…

Nada cuesta pasar el aguacero
entre el vulgo que busca una esperanza
y las desilusiones del obrero.

La plaza de la Biblioteca

para Benigno Dou

¡Mira a la atleta rubia en la *piazzetta*!
Parado de perfil en la cornisa
un negro se ha quitado la camisa:
héroe que un cielo antiguo azul decreta.

Ayuntamiento-*mall*-torre de Pisa,
reflejada en los vidrios la silueta
de estructuras de índole discreta
que, indolentes, se amparan de la brisa.

El negro borra el paso de los días
y desecha sus últimos despojos
en espejos de extraños todavías.

La atleta lleva pantalones rojos:
muslos de cobre en ánforas vacías
rompiéndose en el pozo de mis ojos.

Flagler, entre 6 y 12

Dándole vueltas, entre seis y doce,
a calle poblada de peligrosas
sombras que recuerdan las borrosas
almas de un purgatorio de mi goce.

Allí un pingudo extraño balbuciente
abre anhelada carne al traficante:
una mirada fija y suplicante
considera la carga suficiente.

En un cuarto apartado lo importante
pasa en un abrir y cerrar de ojos:
un tamaño que aumenta alucinante,

un abrirse y cerrarse los cerrojos,
un empujón que alivia los instantes,
y una culpa que mata los antojos.

Bugarrón

para R.

De labios gruesos y de pelo duro
eras la imagen de un ídolo priápico;
me azoraba el contorno de tus nudos:
tus besos fueron un néctar iniciático.

Tu pecho era una tabla de rumbero,
tu voz llegaba a tonos operáticos,
alcanzaba un redoble de calderos
para entonar un patakí lunático.

Jugábamos con leche sin pudores;
me enseñaste a ocultar los sinsabores
y a renunciar al logos espermátikos.

Ewefinda eyebó te guarde entero:
que Elegba guíe tus pasos erráticos
por esta jungla de fieras y pedreros.

Crack

La madrugada en Flagler me dio un hijo
tosco y oscuro: lo llevé en el carro.
Fuego a la lata, el fondo del jarro
soltamos descifrando un acertijo.

Ángel caído, casi me destarro,
en mi descenso entré en un escondrijo.
«Prueba, a ver si te gusta» –allí me dijo.
Vivir por ver si suelto lo que agarro.

Sísifo en manicomio lapidario
dándole vueltas a la misma piedra:
padrenuestros de un ínfimo rosario.

Cocaína en factura tetraedra
vuelta en un humo consuetudinario
que se agarra al pulmón como la hiedra.

Churre

El churre —ese vil espejo negro
que refleja las últimas caídas—
cae, como una nieve fenecida
sobre el opaco traje de los pobres.

El pelo envuelto en cúpulas de mugre,
uñas pintadas con polvo de la calle,
soga amarrada alrededor del talle
y el hedor pavoroso del suicida.

Pareciera que van a amotinarse
y a tomar por detrás, desprevenida,
la pulcra multitud que osa asomarse

por esta calle tres veces vencida
donde el churre levanta un estandarte
contra el rostro risueño de la vida.

Peluche

La *bum* de felpa a lo Joseph Beuys,
con pantalones, boina y gris chaqueta
es una bailarina de bayeta
que va rodando al son de los convoys.

Diminuto camión de cuchufleta
–pájaro sin mañanas y sin hoys–
su carro de *Winn-Dixie* es un Rolls Royce,
palacio de varilla y bicicleta.

¿A dónde irá a soñar cuando se acuesta?
¿A un baile de disfraces? Cenicienta
figura entre las damas de la fiesta.

Un hada remendó lo que le asienta,
y el Príncipe desnudo lleva puesta
su mala imitación del zar Pimienta.

La Rebambaramba

¿A qué ciudades salgo cuando apuro
el paso por *Jesus Cash*, *La Matancera*?
La esquina del *discount* doblo seguro
y doy de bruces con la Sagüesera.

Flage arriba columpio rascacielos,
una puta pedrera allí me amaga
con la pipa, en el medio de la acera:
bajo al río y bebo de sus aguas.

El puente se levanta, estoy desnudo,
¡he nacido de nuevo en una trampa!
Enamorado estoy de la ramera,

ya casi ni me acuerdo de la Rampa.
¡He borrado del mapa a Cuba entera,
ando perdido en la rebambaramba!

Idolatría

Tengo miedo a anunciar con mis palabras,
a conjurar la suerte con un verso:
el bardo invoca con sílabas y hueso
brujerías sublimes o macabras.

Creador de los mundos paralelos
anda engañado y sabe que le habla
al oído un demonio del subsuelo
o un dios parrandero y cascarrabias.

¿Quién su alegría y su dolor advierte?
¿Quién su letargo rompe con un beso?
¿Quién le adjudica ingratitud y muerte?

Idólatra que carga con las tablas.
Mesías que reniega de su suerte.
Profeta que su propia tierra labra.

Vicio

En contornos fatídicos el alba
rehúsa decidirse a ser mi presa:
otros mundos me rondan la cabeza,
de tan desesperada, casi calva.

Rimadores que riman duraderos,
sin el veneno del amor no canto:
necesito valor y vertedero,
algo vulgar, algo violento y santo.

Un puñal que atraviese mis entrañas,
una muerte anunciada, un desengaño
–patíbulos y sexos y patrañas.

Sin lodo y sustos yo marchito y muero,
desciendo justo donde más me elevo:
una cúspide abierta en la montaña.

La gran obra

Mi juventud pasé en nimios juegos,
calculando los mundos y observando:
la tierra se abre ahora discrepando
de mis cavilaciones y mis ruegos.

El silente rocío va quemando
cada mañana, y su tibio fuego
completa la Obra Magna donde luego
sabremos qué se estaba cocinando.

Del barro rojo y del fuego lento
se hace el Elixir de la larga vida:
rueda del Agua y matriz del Viento.

Completar mi trabajo no me impida
el sepulcro: atroz conocimiento
traiga consigo, y en mí coincida.

La Bella y la Bestia
de Jean Cocteau

Nada hay más invisible que lo bello
–delante de los ojos se pasea:
matemáticas mudas se granjea
la columna de mármol de tu cuello.

Nada hay más evidente que la fea
y sucia realidad donde me estrello
–se le cae a pedazos el repello,
su infame decadencia me rodea.

Quiero hacer lo invisible conocido,
y lo que más se ve lavar un poco
y llevarlo al altar de lo vivido

y casar bella y bestia, como un loco
cineasta que transmuta lo escondido
en lo que veo y siento y lo que toco.

Al soneto

En este espejo donde yo me admiro
dejaron sus reflejos los poetas,
imagen de unos cuerpos cristalinos
que no por menos fiel es menos cierta.

Shakespeare misterioso y puro,
y Quevedo cargando con un mundo;
Miguel Ángel, *ignudo* tremebundo,
y Borges ciego y lúcido y profundo.

Los más grandes pasaron por tus puertas,
los más pequeños hallaron un refugio
en tus habitaciones siempre abiertas.

Soneto, viejo que nos das las tetas.
Tiresias transformista y adivino:
la madre de la patria del poeta.

Como aquel que dice

para Severo Sarduy

Te fuiste sin adiós: tu despedida,
como la luz de una estrella apagada
nos va a llegar, puntual y rezagada,
cuando culmine el Tiempo en la otra vida.

Gran explosión, galaxia en desbandada
que en su expansión sangraba por la herida:
arrastraste contigo –en tu caída–
la Isla entera, sin ti deshabitada.

¿Quién va a entonar la décima en la espera,
antes que el caos por fin se estabilice?
Dejaste un hueco negro y no hay manera

de llenarlo, hasta que el golpe avise
que hemos llegado al punto de la esfera
donde renaces, como aquel que dice.

La última cena con Pedro Jesús Campos, 1954-1992

Me pediste McDonald's; ¿la comida
del Jackson? Buena mierda, me dijiste,
y el último hamburguer te comiste
en la Cena barata de la vida.

Si el vino en Coca-Cola convertiste,
si apartaste la copa consabida,
¿por qué no se sanó tu propia herida
con los hueros manjares que escogiste?

Este es mi cuerpo; este mi pecado.
Y vine al mundo en busca de alegría,
que es el néctar del cuerpo enamorado.

Ahora sobra hasta el ánfora vacía,
y el deseo es el único bocado
al que encuentro sabores todavía.

El jardín de las delicias

para Alex Loret de Mola

Tumbado en una silla Barcelona
–tu delicado trono vanguardista–
con el hotel *Del Annus* a la vista
admiras las delicias de la zona.

Tu cielo: redecilla de batista
festoneada con cintas de cretona.
Tras mamparas te espera la Pelona
a la puerta de un sol minimalista.

En un cáliz de Sottsass apuraste
el trago amargo, mezcla de campana
con *Retrovir* en flor. ¡Te intoxicaste!

Cien pingudos muchachos de La Habana
tejieron cien coronas que colgaste
en el marco Art Decó de tu ventana.

Début

para R.

La oscura cantidad que se insinúa
debajo de tus blancos pantalones
es como un dios detrás de los telones
transformándose en héroe. Continúa

la acción: el dios escapa entre botones
de nácar. Le abre el paso una ganzúa
al brillante escenario. Sobreactúa
en la parte del rompecorazones.

Le hago llegar al brusco camerino
un manojo rosas tatüadas
y un ánfora del foro –con su vino

hecho de aguas metamorfoseadas–
cual corresponde a un pícaro divino
que ha encarnado el papel del rey de espadas.

Algunos prefieren quemarse

para Gretel Guillén, en downtown

Película ardiendo en las paredes
donde se mueve sombra conocida:
un ángel blanco y negro me convida
a echar a andar los círculos y redes

para atrapar un trozo de la vida.
Antes que escapes –antes que te quedes–
un reflejo serás, y ya no puedes
durar más que el instante de tu huída.

«Vernos de nuevo...» ¡Como ver quisiera
en la cámara oscura desplegadas
tus alas imposibles de quimera!

Y en pantallas de sueño recortadas
–son las llamas sin fuego de una hoguera–
tus cenizas, al *Fin* recuperadas.

Alegoría

para Bárbara Safille, en el hotel Colón

Eléctrica y fugaz, en arcos puros,
el alma se debate con la plancha
de acero, y con el dolor que engancha
sus alas a las grietas de los muros.

Circular es la torre, y roja y ancha
la capa que te cubre: inseguros
carceleros y sastres en apuros
para vestirte buscan la revancha.

La copa y la corona y tú desnuda:
intemperie del rayo que atraviesa
las noches torrenciales de la duda.

Y un hacha que derribe la tristeza,
ese árbol seco: que su leña acuda
a alimentar con fuego tu belleza.

Rosa Mística

para Bárbara Safille

¡Y yo que te entendí como una rosa
abierta entre feroces amarillos,
derramando sus néctares sencillos,
entregada al dolor como una esposa!

El novio, que ha perdido los anillos,
te busca en los jardines: ¡si tal cosa
no fuera más que añil de mariposa
tampoco reflejara tantos brillos!

Hay en tu cáliz un lugar secreto
que en la mañana al sol con fuego invoca:
y el fuego baja, íntimo amuleto

transformándose en todo lo que toca;
como la rima errante de un soneto
llevada por los pelos a la boca.

Mil auroras

para Silvia Sarasúa

Para soñar construyes escenarios
–una esquina de polvo, una corola–.
Un brebaje bebiste de amapola.
¿Las palabras? ¡Papeles secundarios!

Aparición que la vigilia inmola,
aguardabas los soles funerarios
de la noche para bogar a estuarios
que furtiva visita el alma sola.

Y encontraste lo que se había perdido,
y perdiste la cuenta de las horas,
enfrascada en un juego prohibido

donde acaba el dolor de los que lloras
y se hace visible lo escondido
a la lumbre fugaz de mil auroras.

El alquimista

para Don José Pedro López

Allí nació lo que me concernía,
entre libros y títulos borrosos
—en el Vaso, tres lirios olorosos—
Padre antiguo de mi genealogía.

Historias de tus viajes fabulosos
trazabas —espectral cartografía—
marcando el rumbo por el que algún día
habríamos de encontrarnos, venturosos.

Ayer dejaste abierta la vitrina
donde duerme tu espíritu elevado,
que alzó vuelo, como una golondrina.

Habla volúmenes o ven callado,
de cualquier forma entiendo tu doctrina:
«Te estoy mirando desde el otro lado».

Heroína

para La Lupe, en la radio

Guadalupe, heroína de los pobres
—dexedrina en el vaso de bebida:
fuiste pejera Caridad del Cobre
y Ochún, en una Suma resumida.

En un *nightclub* se encuentra tu santuario;
en el Vedado estaba tu guarida;
en Nueva York tejiste tu sudario:
del mundo entero eres la malquerida.

Clavada —eterna— en los escenarios
serás la Crista-Lupe revelada.
¡Se jugaron tu chal los empresarios!

Y ahora, de obscenidades coronada,
sube la nueva plebe a tu calvario
para rendirte culto, Iluminada.

Superstar

para David Bowie

En un planeta rojo de oro ardiente
cayó un pájaro-mono de los cielos.
¿O era un cocodrilo alzando el vuelo?
¿O un cosmonauta loco e indigente?

A la canalla le es indiferente
que él aterrice o que toque el suelo.
Estuvo entre nosotros, penitente:
a un dios herido no vale consuelo.

Un mesías leproso y bien dotado,
su guitarra es eléctrica y terrestre,
¿quién conoce, por dios, lo que ha pasado,

que en picada profunda su ovni ecuestre
–con un salto mortal desesperado–
bajó del cielo a la vida agreste?

La careta

para Reinaldo Arenas, en la memoria

Si no me justifico ante mi suerte
callarán para siempre los planetas:
yo prefiero la muerte en bicicleta
a la vida sentada en taburete.

Estar en celo prefiero a estar de luto;
al charol yo prefiero la chancleta;
mejor que santurrón, un viejo puto;
primero maricón que anacoreta.

Saldar puntual mi deuda con el mundo,
poquito a poco quitarme la careta
y llegar hasta el rostro más profundo,

viviendo a todo trapo y sin miseria:
miserere de mí si en esta feria
por salvar al traidor pierdo la jeta.

Tiranos y banderas

A José Martí, 1995-1895

Hace cien años eras casi un niño
–poeta enfermo, doctor iluminado–
de tu ciudad y el mundo enamorado,
abrazaste a la Muerte con cariño.

Entre el lodo y el fuego acorralado
te lanzaste a las llamas, fiel armiño:
en la blancura de tu desaliño
había cierta pureza de soldado.

En la edad de tiranos y balseras
que nos tocó vivir, yo me pregunto:
si asomarte a nuestro dolor pudieras,

¿qué dirías, Apóstol, de este asunto?
Tu eternidad de rosas y banderas
hoy solo es sagüesera de difuntos.

Dos Ríos

Dos Ríos dividió sangre cubana
de un solo manantial inagotable:
una corriente es clara y navegable,
la otra es oscura, peligrosa y vana.

Dos patrias tengo yo: irreconciliable
con mi dolor es la sonrisa arcana
–una sombra vestida de jarana–
de Cuba y de la noche inescrutable.

Territorio de sacrificios dobles
–un pantéon por dos dioses disputado–
entre las palmas reales y los robles.

Tumba es la cuna que nos ha tocado,
hijos bastardos de tus fines nobles:
poeta ecuestre, padre derrotado.

Carta al padre

I

No sé qué le pasó a mi testamento,
que ahora apareces tú beneficiario,
no pensaba dejarte ni un denario,
¡y he aquí que te he legado un monumento!

Vale la pena, en mí, tu corolario,
extinguir para siempre este argumento:
podríamos perecer en el intento,
mas no creo que sea necesario.

Antes hurtarte lo que más querías
y guardar en mis versos tu memoria.
¡Nunca más tus palabras sin las mías,

abogado del diablo y ex escoria!
Ni besándome el culo pagarías
si logro que te absuelvan de la Historia.

II

No voy a saber yo lo que sufriste
en todas esas becas horrorosas,
agregado en las casas más odiosas:
lo mismo exactamente tú me hiciste.

Lavar tus propias prendas asquerosas,
tragarte el frío bocado, solo y triste:
el trato de las sombras rehuiste
que te desampararon, caprichosas.

Todo lo deseado estaba lejos,
y lo peor de todo estaba cerca:
invertir esos términos, reflejos

de tus desdichas. Fue voluntad terca
la que nos convirtió en niños viejos
trabados a otra vuelta de la tuerca.

III

El hijo del amor. Ese hijo encierra
las culpas que en su casa de fraguaron.
¿Con qué fugaz dolor lo envenenaron?
Tirano que tiró todo por tierra.

Si a este terrateniente desterraron
de lo que fue su reino, si a la sierra
volvió con las pasiones del que yerra,
¿con qué hierro caliente lo marcaron?

Hoy somos su venganza y su simiente,
¡vaya destino el que nos ha tocado!
Expiar su delirio impenitente

y ayunar porque no probó bocado.
Como el padre castiga al inocente
que heredó la memoria del pecado.

IV

Quizás el verso libre no convenga
a tu naturaleza socialista:
le va mejor un estilo realista
con rima, metro y molde que contenga.

Tú debes entender lo que el artista
ha querido decir: que nadie venga
con interpretaciones, ni prevenga
nadie que en mi canción poses la vista.

Me estoy adelantando: el escenario
donde te veo cruzarte con mi trazo
no ocurre hasta que el tiempo necesario

haya pasado, como vil flechazo,
hiriéndote de mí, o si al contrario,
riéndome de ti y de tu rechazo.

V

El Tiempo es un seguro mensajero
que a veces suele ser olvidadizo:
si a sus mulos confías un hechizo
debes también contar con el arriero.

Pueden ir lento y cuando los atizo
despeñarse por un desfiladero:
perdidos en las vueltas del sendero
ir a parar a un negro pasadizo.

Así que presta oído a mi consejo
porque llevo esta vez la voz cantante:
¿cómo vas a llegar si yo te dejo?

¡Todo puede cambiar en un instante!
Si los que van detrás trotan parejo
no alcanzan a ir muy lejos los de alante.

VI

¡Qué clase de leyenda tan cubana!
Es la sustancia de que estamos hechos,
la que llevan las madres en los pechos,
la que está en los cimientos de La Habana.

Nada, que de los límites estrechos
de una isla botó por la ventana
la casa, y hasta en una palangana
bogamos por el mar, todo maltrechos.

Ese moisés de peltre traicionero
cargando con el dios que va a usurparte
ha dado vueltas por el mundo entero.

Cuando regrese –Krishna, Verbo o Marte–
carro triunfal del hijo forastero
se habrá cumplido el tiempo de llorarte.

La vía láctea

Según los frescos de Andrea Mantegna
en la iglesia Eremitani de Padua,
que el autor admiró en un tomo
de la Biblioteca Pública de Miami

La virgen

Yo te saludo Virgo singularis,
Maestra, Regina, hembra, esclava:
en tus ondas un Príncipe se lava.
Si prefieres, te llevo a ver *Solaris*.

Entre la turba que te cortejaba
yo me sentía como un viejo Paris:
mil historias que mil Mika Waltaris
no alcanzarían a contar, soñaba.

¿En qué idioma respondes mi pregunta,
Isis, madre de dioses inmortales?
A las voces del cántaro se junta

el círculo locuaz de los brocales
y su líquida lengua al cielo apunta
para entonar tus cánticos nupciales.

La vocación de Santiago

¿Cuánto hay que andar, Santiago peregrino,
hijo de pescadores galileos,
antes que de las redes y los reos
pasemos a gozar del pan y el vino?

¿En cuál de los ardientes gineceos
del Rey de la corona hecha de espino
buscaste entre tinieblas un camino
que condujera al dios de tus deseos?

¿O él te encontró, hundido en las oleosas
aguas y reclamó del lento oleaje
tus tímidas, amargas e imperiosas

razones para no emprender el viaje,
y ordenó que marcharan deseosas
por el mundo, ligeras de equipaje?

Santiago hablándole a los demonios

Te llama a voz pelada, es una crica
con su peluda voz: pinga parada
sobre una nubecilla encabronada
donde un diablo fañoso se emperica.

Un súcubo te inspira una mamada
y es pura perdición lo que predica:
¡Salve, dios Falo, salve! ¡Rica, rica!
¡Mira la oscuridad transfigurada!

¿Qué les dijiste? El críptico esperanto
de una mano extendida deletrea
la salvación con sílabas y llanto.

Y en su afanoso espejo se granjea
el vicio de la luz, y todo cuanto
cabe en la triste unión que se desea.

Santiago bautizando a Hermógeno

Desde el punto focal de una vasija
que contiene el agua derramada
—en una habitación deshabitada—
sortilegios sacó de una sortija.

La crisma mercurial, seca y mojada,
define una visión por la rendija
que deja abierta a la mirada fija
de los que tienen fija la mirada.

Recoge las manzanas de Pomona
—en los libros de magia entenderás—.
Rumpite libros y baña a Latona.

Entre el Vaso y el Verbo alcanzarás
de los sabios la mística corona:
lee, lee, relee, trabaja y llegarás.

Santiago delante de Herodes Agripa

Carne elevada al púlpito decreta
un reino superior al que vislumbra
la mirada del Santo: se acostumbra
a dar por alcanzada su gran meta

el que en el mármol, cáustico, se encumbra
y sostiene en sus manos la baqueta.
El Santo ve con ojos de profeta
adonde apunta el Rey, solo penumbras.

Un Marlon Brando mira de soslayo
hacia el borde del cuadro, y un muchacho
que sostiene un escudo espera el fallo.

Y aunque al cielo tisú le falte un cacho
no es imposible que lo parta un rayo
y se encienda al trasluz como un penacho.

Santiago conducido al martirio

La turba enfrenta a la policía.
Un guardia empuja al abanderado
con la bandera del desamparado.
El Santo va y bendice al que caía.

Las calles se parecen al Vedado:
resulta familiar esta utopía
donde el ojo lejano se extravía
por un fresco de ayer recién pintado.

En ventanas salientes los curiosos
lograron compartir la perspectiva
del Santo y de los brutos poderosos.

¡Qué tragedia tan íntima se aviva
ante la imagen de los segurosos
que mantienen la grey muda y cautiva!

El martirio de Santiago

Malaquita para los poderosos.
Tres te miran caer, desconcertados.
Una cerca de robles elevados
contra un cielo de cirros herrumbrosos.

Cabeza muerta, cantos cercenados.
De bruces, los vapores olorosos
del estiércol te inundan con dos pozos.
Verdugo con los brazos levantados.

Las torres en el fondo, circulares.
Feudos, castillos, arcos triunfales.
Guerras futuras: si decapitares

esta piedra, en la piedra los anales
–derribados por tierra los altares–
hablarán de una lucha entre rivales.

San Cristóbal delante del rey

*Según frescos de Mantegna, Girolamo da
Camerino y otros, en la misma capilla*

Offerus busca un rey para servirle
y lleva al hombro amor, culpas y penas,
¿quién lo ha de liberar de las cadenas
si es un gigante y nadie puede asirle?

La sangre azul que corre por las venas
del monarca paró con solo oírle
en labios de un actor: debió impedirle
decir el nombre de Satán. Apenas

le oye el gigante, parte sin decirle
adiós, en busca de nuevas faenas
y un señor nuevo que no sirva ajenas
voluntades, uno que quiera abrirle

*las puertas de esos reinos ignorados
que no por serlo son menos preciados.*

San Cristóbal se une a los demonios

En el desierto cálido y dorado
miró copos caer; cabalgaduras;
el polvo de los cascos; las monturas,
y un negro rey sobre un corcel montado.

«¡Busco al demonio!». En las mataduras
leyó sin letras: «Ya lo has encontrado».
Y se unió a los jinetes, fascinado
de poder compartir sus desventuras.

Mas, en llegando a un monte calcinado
donde una cruz se eleva a las alturas,
los demonios, cobardes criaturas,
agarran cada uno por su lado.

Sigue adelante solo y ciego mira
que cuanto creyó ver era mentira.

San Cristóbal cargando al niño

Junto al vado de un río que vomita
en torrentes una montaña pasa
el gigante. La luna lo rebasa
antes que pida fe del eremita.

Constituye en las rocas una casa
y se pone a esperar por el que imita,
cuando una noche húmeda lo invita
un niño dios a un grano de mostaza.

Lo lleva en hombros por el mar que habita
en cada gota: hunden en la masa
líquida los talones, y en la escasa
claridad le pregunta a quién levita.

Y el Niño le responde: al mundo en peso,
y al que creara el mundo de ex profeso.

Caravaggio en Porto Ercole

Te bajaste de la nave mercante
en el último puerto de tu vida
sin saber que la muerte, precavida,
había procurado ir delante.

Vagabundo de la ciudad perdida
—una sombra en el bar y el restaurante—
se insinuó a tu oreja mendicante,
con sílabas de miel, la voz del sida.

El barco que zarpó tendía las velas
que hacia la libertad se dirigían.
Tú en la orilla bebías las estelas

que las inquietas aguas recorrían,
dando voces patéticas —secuelas
de las llamas que ya en tu pecho ardían.

Epitafio de Miguel Ángel Caravaggio

> Facer crudel congiura Michele à danni
> tuoi Morte, e Natura.
>
> Cavalier Marino

Naturaleza y Muerte, en cruel conjura,
se vengaron, Miguel, de tu osadía:
a una le ganaste en picardía;
le robaste a la otra su armadura.

Vencidas –tu suprema fechoría–
ambas por el pincel y la pintura,
procuraron brindarte una aventura
que ningún inmortal rechazaría.

Los que Parca segó con su guadaña
vuelven multiplicados como el trigo
cuya herida un nuevo sol restaña.

A la vida serviste de testigo,
y a tus seres, que ni el dolor empaña,
salvaste, por tu culpa, del castigo.

Aristóteles y Phyllis

Según un dibujo de Leonardo y una lista
de palabras en el Códice Tribulciano

De los sabios el príncipe absoluto
a una dama servía de montura:
lo tildaba una suerte de locura
Alejandro, discípulo impoluto.

El que hiciera un deber la razón pura
metafísico estaba, como un bruto:
asno que, metamorfoseado en *putto,*
se negaba a sí mismo la cordura.

Se juntaron deseo y repugnancia;
celos y amor; felicidad y envidia;
fortuna y penitencia en contumacia.

Pero no tomó en cuenta a la Perfidia,
reducido su genio a la ignorancia,
su certeza en sospecha que fastidia.

La expulsión de los comediantes
de Jean-Antoine Watteau

Una tropa de heridos comediantes
de su viejo teatro despojados
va por la calle: rostros azorados
que incriminan al pueblo, desafiantes.

Ahora el público ríe y los soldados
empujan a un Pierrot que días antes
no quiso divertirlos. Hilarantes,
dan su mejor función, ¡los condenados!

Dejar atrás una ciudad dichosa.
¿Qué se le puede hacer? ¡Es el Destino,
hermano de la Muerte caprichosa!

La Colombina habla con un pino,
y la Luna le pide el sí a una rosa.
Y ya acecha la Farsa en el camino.

Apología del arte

Después de todo es Nada con decoro,
es solo una maniobra del destino
que se nos atraviesa en el camino:
es sombra delicada del azoro.

Duda que apunta al dios de su vecino
sin renunciar sus ídolos de oro;
frágil juguete, tímido tesoro:
idiota con razones de adivino.

¡Qué poco tu sustancia duradera
debe al intento exacto o precavido
del que te da la excusa de la espera

como una solución de lo vivido!
Antes que en brazos de la Vida muera
ya tú lo has rescatado del olvido.

Hotel Colón, downtown Miami,
enero–diciembre, 1995

Confesiones del estrangulador de Flagler Street

[1998]

1

Ya estamos a las puertas del poema
sin ninguna intención de contar nada:
no hace falta una lengua decorada
ni la música rústica de un lema.

Si hay que seguir la rima en todo y cada
línea hacia su falso polo rema:
llegar sin un propósito o esquema
a la revelación menos pensada.

Que de oído tocó lo que ha escuchado
y que al tacto leyó lo que recuerda
es el único punto demostrado.

Se ha quedado un sonido en cada cuerda
esperando encontrar lo que ha buscado:
si era un perro es posible que nos muerda.

2

Libre de miedo, libre de pecado,
libre de la familia y de los gastos,
libre de días fastos o nefastos,
libre de amor y para amar creado.

Fuera de juegos que no dan abastos,
sacado, distraído o expulsado,
por la vía secreta liberado:
todo lo miro con mis ojos castos.

No pretendo ganarme compañía,
ni ocultar a los otros mi virtud:
ni estoy muerto, ni vivo todavía,

me he devuelto, curado, la salud.
Ni renuncia, ni horror, ni cobardía.
¡Libertad, tu dorada esclavitud!

3

Desde la balsa vio caleidoscópicos
espejos reflejar la luz rendida
de un bello atardecer que en su caída
bajara al más plebeyo de los tópicos.

Ciudad fluvial del sur de la Florida:
contra La Habana, rosa de los trópicos,
levantas tus vitrales telescópicos,
bonanza oscuramente presentida.

Guiado por diabólicas corrientes
desestimó la desembocadura
y pasó por debajo de unos puentes

–levantados para ganar altura–
que ya han visto llegar mil inocentes
desde históricos mares de locura.

4

Pirámide de acero, abolladuras
en los fustes, ciclópeas factorías,
cubo horadado, zen, caligrafías
en mecates y sátiras oscuras.

Techados trillos, cámaras vacías,
casas o silos, tersas sepulturas,
complicadas o simples estructuras
que parecen cerradas alcancías.

Corren serenas las alcantarillas:
de repente traslúcidos cristales
se rompen en ventanas amarillas.

La gente se refugia en los portales
dándoles la ilusión de amplias sombrillas
a los techos, palíndromos pluviales.

5

Desembarcó en cerradas factorías
cunas de esponjas húmedas y nasas
rodeadas de lanchones y de casas
de crack *pero eso aún no lo sabías.*

Para él las imágenes escasas
convocaron profundas alegrías
recordó direcciones de sus tías
y espantó las oscuras amenazas.

Saltó mortal sobre una tierra extraña
decidido a encontrar el paradero
te enredaste en la tela de una araña

de un padrino abakuá, viejo santero,
paladín confesor de su calaña,
tu segundo apellido: El Extranjero.

6

Sandra parió varón, embarazada
en un pesebre odioso del Oeste:
«No quiero verte, cueste lo que cueste»
y el niño se sacó la desmadrada.

Los ojos levantó al azul celeste
la enfermera en el hábito de un hada:
«Verbo hecho carne; carne rebajada
a que su propia madre la deteste».

Pagó y se fue: no vio a la criatura
ni antes, ni durante, ni después
del parto: instantánea sepultura

dieron al niño en plástico al revés
—ofrecido en un saco de basura—
la cabeza en el sitio de los pies.

7

Cornucopia de líquidas paredes,
encendidas, a punto de estallar
—madriguera cerrada a todo dar—
en el mundo inferior todo lo puedes.

Estrambótica, erótica y vulgar,
a lo púdico y público antecedes:
abundancia en congojas traen tus redes
desde el fondo de un turbio muladar.

Del derecho a elegir haber nacido
me robaste: podrida maldición
es la carne, no el fruto prohibido;

la cosecha arrojada en confusión
sobre el orbe, final de lo que ha sido
y principio en desnuda sucesión.

8

El Extranjero abrió la portañuela
del Levi Strauss azul: ocho pulgadas
de pinga, de textil palo, rayadas,
que en el vil *glory hole* calado cuela.

Del otro lado audibles carcajadas
reciben la embestida de la espuela
y enseguida en saliva alado vuela,
encarado a paredes permutadas.

¿Quién sospecha y sopesa lo que mides?
¿Quién respira en las sombras como un buzo?
¿Quién conserva el recuerdo de tus lides?

Antes de que te vengas –vente incluso
veinte veces si puedes– no te olvides
de esta anónima celda de recluso.

9

Desnudarte delante de un pintor
fue tu manera de acceder al Arte:
en parte por calor, también en parte
por mostrarle tus dotes, seductor.

Con barniz bermellón quiso pintarte
entre papayas, trazos de color
descubrieron tu piel al resplandor
de las frutas, anaranjado Marte.

De tu pinga –que empina papalote–
parte un hilo hacia un cúmulo de gualda
que declina en el borde de un mogote.

Sucesivos reflejos de esmeralda
y de fucsia recorren el lingote
y resbalan después sobre tu espalda.

10

Una mueca, otra más, pasan sin pena
ni gloria por el borde niquelado
del mostrador: cabezas de pescado
empolvadas con lástima y maicena,

aboyando en un mar achicharrado
como si el fiel fogón fuera de arena
y el pescador sacara una docena
hasta el plato, sirviendo con cuidado.

Hombres solos. Se come por dos pesos.
Risas; fragilidad de voces quedas.
Como taimados ángeles traviesos

sobre la mesa corren las monedas.
Toisón brilloso de mondados huesos
y antigua sarta de doradas ruedas.

11

Salí a mirar; un templo derruido
y un manicomio a medio fabricar
enseñan sus entrañas sin pintar
entre escombros y cables del tendido

eléctrico, al lado de un solar
con pancartas volantes del Partido
Demócrata: «¡Fulano el Elegido!»
y el anuncio lumínico de un bar.

Barre la lluvia el templo y el sendero:
trastornados colores en sordina
imitan la pasión del aguacero.

Lo que estaba mirando se avecina
y se vuelve tan duro y tan sincero
que mirándolo el ojo se empecina.

12

Ya nevados de oro en primavera
por encima de rústicos tejados,
con sus brazos añosos apoyados
en los muros de piedra y de madera,

desbordando sus ramas por los lados
de un patio, de un jardín, hasta la acera:
colinda en vecindad la Sagüesera,
magnífica en sus árboles sagrados.

Cuando a punto de abrirse está en corona
—toda vida es peligro hasta que cese—
un viento de Cuaresma demorona

en las ramas heráldicas de mece
y derriba en la flor que la aprisiona
a la fruta invisible que florece.

13

Sandra le aplica el turbio maybelline
a unas pestañas flojas, putañeras.
Debajo de los ojos las ojeras
pinta de kohl, buscando que combine

su rostro ajado con las carteleras
donde diosas pretéritas del cine
—muda ficción— le piden que camine
bailando el son, moviendo las caderas.

«Esta es tu noche, Sandra», sincroniza
la rubia platinada su boquita
con la vieja canción que vocaliza.

Sobre el CD rayado que vomita
La vida en rosa de otra Jones, su risa
ahoga la voz del acordeón que imita.

14

Una sayita de lamé dorado,
piececitos sobre altas cocalecas,
la carita antipática de pecas
cubierta, el mentón desencajado

de buscar con la lengua (las fumecas
cargan siempre la piedra en algún lado)
el cambolo perdido y encontrado
entre dientes de oro y muelas huecas.

Pero el dejo de odio, el pecho triste
y el desprecio servil con que entonaste
la fallida oración (lo que dijiste)

me hicieron recibir lo que robaste
como aquel que acatando se resiste,
cuando (piedra en la boca) me besaste.

15

El orden de botellas arregladas
en los pulcros estantes —celosía
translúcida— cortante, dividía
el altar de San Lázaro: en las gradas

un jardín de poliéster ascendía
entre orquídeas y dóciles cagadas
de moscas. Estalactitas chorreadas
en la vela que lentamente ardía.

Detrás del mostrador una hondureña
malvada sonríe. Viejos cubanos
se juegan los salarios. A una seña

se levantan dos músicos enanos
y comienza a sonar *Furia Norteña*
y la noche se escurre entre las manos.

16

Punzar sentí la espina del deseo
mis vaciadas entrañas soñadoras
y salté de la parra, ¡santas horas
entre el puente de Flagler y el museo!

Te vi con las muchachas transmisoras
de oscuras bubas. Rápido rodeo.
Desciende a la explanada del parqueo
la policía en dos perseguidoras.

Mi Toyota se enreda en los caminos
de asfalto donde escuálidos borrachos
entonan sus lamentos peregrinos.

Alcanzo a contemplar tus ojos gachos,
perdidos tras vitrales cristalinos:
metálicos, drogados, vivarachos.

17

Dos rayas regias de carbón y humo
enmarcan dos tizones de azabache:
el puente que los une en un remache
se escurre hacia la boca por un grumo.

Grabo esa cara antes que se escache
(hierática y barroca en grado sumo)
contra la abolladura que, presumo,
le harán los años con su cambalache.

Entre tanto se pierde apenas gira
hacia lo inevitable. La ficción
que la mantuvo alerta se retira

dejando en su lugar una versión
de lo que fue a la larga una mentira
disfrazada de suma perfección.

18

Vuelvo otra vez al cuarto solitario:
un Jesucristo mikimaus precede
mi ruta –el Señor todo lo puede–
parado sobre el *dashboard*, su calvario.

La calle avanza en procesión que cede.
Detrás del vidrio, anuncios. Lo contrario
se aleja en el espejo visionario
anticipando en sí lo que sucede.

Vistas de casas de mampostería;
supermarkets pequeños y asustados;
la *Firestone*; una cafetería;

en pintura de aceite, *¡Tus pecados!,*
las pinturas rupestres de La Mía,
y en pintura de acción: *Carros usados.*

19

La acera del billar, la joyería;
plata empolvada; rubios cigarrillos
apagados en charcos amarillos;
cuentas y tíquets de la lotería.

Las mecánicas arpas de los grillos,
con su música eléctrica y vacía,
complementan la oscura sinfonía
de portales y lánguidos pasillos.

Un banco roto aguarda a nadie y todo
anuncia en su unidad el desconcierto
de lo que está cerrado; de algún modo

parece que, dormido, esté despierto,
y que en la hez caótica del lodo
se pudiera leer un libro abierto.

20

Cuando la policía bambollera
llegó a los condominios descosidos
encontró los despojos abatidos
de Sandra Jones. Su rubia cabellera

derramada en cristales; los latidos
de la sangre (locuaz, sepulturera)
contados al revés, y la mollera
de Sandra con los ápices partidos.

Un filo descubrió la hipotenusa
que conectaba el clítoris brumo
a los caleidoscopios del pitusa.

«Estamos ante un caso laborioso»,
dijo la fiana. «Jones es una excusa
para evitar la lucidez del gozo».

21

Busca evidencia comprometedora
el cabo en el citado condominio,
requiebra las baldosas, rasca el minio
de la puerta enrejada y trepadora.

Descubre en un estante al viejo Plinio
y una versión robada y fiel de *Aurora*
de Federico Nietzsche: tentadora
revelación en cada raciocinio.

Retrato del artista adolescente;
Satiricón, las *Églogas* y un rollo
de teipe eléctrico. El imprudente

se enreda en falsas pistas. De un embrollo
que armó Lezama Lima, el decadente,
saca una Rosa Mística del bollo.

Autorretrato

Fatalidad del tiempo transcurrido
y el espacio ocupado se demora
en su frente: señal que, tentadora,
acaricia el reverso del olvido.

El mirar telepático que llora
en otros ojos para ser leído
y enfrentado a un lector desconocido
con la inocencia del que se enamora.

En un trazo casual está su boca;
una oreja es un círculo cerrado,
y la mano asustada se retoca,

sin poder conocer lo que ha tocado.
Lleva el peso a la espalda de una roca
y una herida orgullosa en el costado.

La biblioteca de Miami

Torre conmovedora, librería
llena de correcciones y de notas
al margen de la mar de cosas rotas:
quisiera leer tu cuerpo noche y día.

En esbeltos polígonos te agotas
—tus tercas escaleras ascendía—
en tus salas sagradas me dormía
rodeado de poetas y de idiotas.

Oh, refugio de los desamparados,
hospital de los dioses sin remedio,
hotel de los tenores sepultados:

yo quiero que me entierren en tu predio,
y servir de consuelo a los quemados
que vengan a ampararse en ti del tedio.

La perfección que muere de rodillas

A José Lezama Lima

Rechoncho centurión amanerado,
amante eunuco de la porquería:
en tu cabeza heráldica y vacía
solloza un acordeón desafinado.

Callas, enemistando la Poesía
con la Verdad y con lo que has creado,
y en un mundo real disparatado
construyes una antorcha de luz fría.

¿De dónde te llegaron los sabores
de palabras tan bárbaras, tan finas,
que sufre el paladar con sus colores?

Y esas contradicciones asesinas,
¿encontrarán magníficos lectores
capaces de doblarles las esquinas?

Llegaron los bárbaros

Aquí están, a las puertas del poema,
los bárbaros –sus roncos estertores–
la tribu emancipada de escritores
que a su paso insolente todo quema.

Quieren cortar la lengua a los señores
e implantar con el látigo un fonema
que establezca los miedos de su lema:
«Se buscan confesados delatores».

Desconfían del mundo: sus verdades
acusan las doctrinas recibidas
desde un sacro desvelo de ciudades.

Por saqueadas, sus lenguas confundidas.
Por cegada, en su luz oscuridades.
¡Mil palabras ya dadas por perdidas!

Adolfo Hitler, artista

«Exaltados al colmo de la gloria
desde el fondo de humildes circunstancias:
Rubens, Mackart…» Salvadas las distancias,
a mí también me absolverá la Historia.

Ningún pintor sincero discrepancias
hallará en mis desvelos ni en mi euforia,
ni en mi sed de venganza y de victoria:
como un espejo entenderá mis ansias.

En un cuarto para hombres solitarios
del Männerheim de Viena discurría
sobre el Arte y sus usos panfletarios.

¿Quién no abrigó ambición como la mía,
ni en su ardor concibió totalitarios
grises que conquistaran la apatía?

La rosa de Hitler

Una rosa, una rosa es, una rosa…
En el jarrón, callada alegoría.
Entre el instante en que en botón ardía
y el instante en que abierta y orgullosa

su perfume entregó, la simetría
del Tiempo alado en su durar esboza,
y en su breve reinado es una diosa
que a un delicado claudicar cedía.

Rendida sobre el lienzo e inexperta
en conjurar la flor y su retrato
ya luce como si estuviera muerta.

Un gran desliz resuelto en garabato,
el pincel que la amó la deja yerta.
¿Dominadora o hija del maltrato?

La proporción del Hombre
dibujo de Leonardo Da Vinci, en la Accademia, Venecia

Quien concibió este Adán crucificado,
el que midió su cuerpo con la vara,
y lo encerró en el círculo, en la clara,
perfecta simetría del cuadrado;

el que le regaló su propia cara
–y lo dejara así, sacrificado
en efigie, sobre el papel, negado
y a la vez vivo– el que lo creara,

no pudo concebir un esperpento
con las manos clavadas al madero,
ni del lento, verídico y sangriento

final escamotear lo verdadero,
con sus tintas remotas le da aliento:
ahora cuelga desnudo de un llavero.

El judío errante

¡Mira estos ojos en el duro cuarto!
¡Al fondo! Luces de la madriguera.
He escapado por poco de la hoguera.
Llegué con poco, (poco es *poco* y *harto*).

Ando escondido, vil antes del parto.
Un actor, un ladrón, una quimera.
Si vivo dentro de la vida, «¡Afuera!»
gritan los dioses dueños del reparto.

Bebí mi rostro en las lejanas calas
de un mar perdido al fondo de los años
de otro siglo. Debajo de las balas

descendí a otro horror: rotos peldaños
servían la función de las escalas
hacia universos últimos y extraños.

The solipsist seems to me to be like the man who gave up turning around because whatever he saw was always in front of him.

Ernst Mach

So I turned myself to face me, but I've never caught a glimpse.

David Bowie

Traté de descubrirme con un gesto:
mordiéndome la cola una mordida
parí (a mí en nada parecida),
preñada y destronada de su puesto.

La boca estaba ya comprometida
así que prometí salvar el resto:
no sé qué fue peor, si aquello o esto,
ni adónde está la puerta de salida.

No estaba mal girar sobre mí mismo,
mi pecado es haberme conformado
con la cara de un viejo solipsismo.

Narciso que ha Narciso ha trastornado,
fabriqué con azogue un espejismo
y en sus ojos abiertos me he mirado.

Miami, 1996–97

Héroes

[1998]

La fuga de Fulgencio

I

En el Palacio suenan disparos
y teléfonos de oro.

Cien sacos de dril, como un ejército
de cobardes generales,
esperan un único cuerpo
en que guarecerse.

Espirales de mampostería
y mármol; escalinatas
y palcos; estatuas y
retratos neoclásicos
ocultan conspiraciones
de última hora.

Con voz rigurosamente histórica
Radio Reloj cuenta los
minutos que faltan.

Dentro de muy poco el Capitolio
será un museo de Ciencia,
un museo de cera la República.

II

Regresar a Kuquine,
voltear las páginas de Bohemia,
atravesar corriendo el matadero,
saltar sobre el cadáver de Manzanita
y llegar a la casa del Hombre Siniestro.

Allí, únicamente allí, descansar.
Cuéntale tus penas: él te comprenderá.

Van a reírse juntos y a llorar
por los años perdidos, por la tremenda
ironía del destino: una larga cadena
de victorias y triunfos pesa
tanto como cualquier derrota,
¡invictos perdedores!

III

Radio Reloj da la hora:
son las doce de la noche.
Son las doce y un grito de la noche.
Son las doce más tristes de la noche, aún
para los que ahora gritan de alegría.
Son unas doce de la noche
que nos pesarán toda la vida.
Con esta hora acaba el Gran Mediodía.
En esta hora se funden el ayer y
el mañana: esta hora tardía
que llega adelantada.

Demasiado temprano para entender
su ambigua alegoría.

IV

Te vas, pero ese mismo avión nos llevará a todos.
Uno por uno o en familias,
o en pueblos, esperando su turno
con el oído atento al radio de onda corta,
a los nombres, los números
y los recuerdos.

Te vas, pero dejas atrás de rehenes
a Radiocentro, a La Víbora,
a Marianao, al Cerro, a la Liga
contra la Ceguera, las Hijas de Galicia,
al Tencén de Galiano, la Manzana de Gómez...

Te vas, pero contigo nos vamos todos.

El joven Fidel

En la clase de Retórica
sobrepasabas a tus compañeros
—¡no dejabas hablar a nadie!—
querías aplastarlos con tus brillantes,
absurdos argumentos.

La toga viril te cayó del cielo,
y el perfil griego.
En los Jesuitas sacaste sobresaliente:
con el balón dejabas claro
quién era el que mandaba.
Tuviste suerte.

El Alma Mater te colocó en la cúspide
de tus primeras escalinatas:
habría muchas,
de granito, de asfalto,
cubiertas de musgo o de sangre
que te esperaban.

Pero éstas,
orgullosas, calcáreas, infinitas,
por su nobleza antigua
despertaron en ti
la más profunda obsesión por doblegarlas.

Un retórico fuiste

y un sofista, primero.
Lo demás vino luego.

II

Pequeños litigios y pleitos de menor cuantía
no convienen a un hombre que busca ser primero
entre muchos. A aquellos miedosos abogados
podías sostenerlos en un puño,
mientras que, con el otro, pluma en ristre,
firmabas edictos imaginarios.

¡Algún día, algún día
los desposeerías!

Por entonces tomaste esposa
entre las vírgenes frías
de la alta burguesía.

¡Cuánto diéramos por penetrar
en tu lecho nupcial,
por ser testigos de tu asalto frontal
a las buenas costumbres!
¡Muchachas azoradas
por tu asco de hombre!

Pero esa parte vegetal
de tu vida
ha quedado escondida
en los archivos.

Debemos conformarnos con las fotografías.

III

La Muerte de Chibás fue la primera señal
de los cielos; de repente entendiste,
sin más rodeos, que eras el elegido.
Después de todo por votación anónima,
unánime y secreta: a rey muerto, rey puesto,
por la gracias de dios.
Ya nunca aceptarías menos que sumisión perfecta.

Los trámites te llenaban de impaciencia;
ya veías claro: al pueblo entero
quisiste conducir a Palacio,
donde el tirano temblaba de miedo.
La vía rápida, el golpe de efecto
y después, la venganza.
El plan maestro estaba calculado
en todos sus detalles: hacía falta la llama
del corazón del pueblo.

IV

El carnaval ayer trajo a Santiago
un caballo de Troya confundido
con el gong y la furia y el sonido:
disimulo en corcel. Con un halago

de su ardiente embriaguez saca partido,
como el turbio espectáculo de un mago
que mezclara veneno con un trago
y lo ofreciera a algún desprevenido.

Arlequines vestidos de soldados
descienden por el falo de madera
hasta el plano inclinado de la acera
(en Santiago los planos son alados

y confunden rincón con escalera)
combatientes algunos, engañados
otros; al matadero son llevados
como si fuera en plan de jodedera.

Pero todo es verdad: el tiroteo,
las balas y la sangre son muy reales,
y el joven corazón de los rivales,
y el cuartel convertido en mausoleo.

Manzanita

Como McGregor, la muerte no fabrica
dos camisas iguales: no hay dos como la tuya.
La crónica amarilla
de unos días felices a pesar de todo
comparte con sus grises anuncios de cerveza
la sangre derramada que desbordó la copa.

Insulto inaguantable: otro golpe de estado.
Carratalá y Ventura de rostros despreciables,
y tú hecho de oro, de cáscara madura.
Sidra joven era tu sangre derramada.

¿Adónde habrías ido a parar
si aquel 13 de marzo no se hubiera
interpuesto en tu camino?
¿A la cárcel, al exilio, o acaso
al Comité Central?
Idea más repugnante aún que la muerte
misma, si es que más que la muerte
puede algo repugnar.

II

Ancianos en rancias chaquetas verde olivo
—absurdas guarniciones que no tocó la bala—

tocados con birretes de superpolicías.
Las manos acalambradas por el corrientazo
final de nuestras pesadillas:
porque solo en sueños se puede asesinar
al que tiene un corazón de acero
escondido debajo de una capa de hielo.

En cambio tu corazón, tu manzana, llevabas
encima de tu pelo, corona
de inocencia perfumada,
para que un tirano
(desnuda espada
en su diestra,
en su izquierda una jaula)
pudiera atravesarla.
Tampoco tu camisa almidonada
escondía nada.

Eddy Chibás

El pistoletazo, retransmitido a todos los hogares,
sonó en nuestras conciencias
como el diapasón duro
de un aldabonazo.

Así cerrabas el capítulo
más escuchado de la radionovela
que fue tu vida.

Las amas de casa pusieron tu retrato
encima de la cómoda.
Los hombres eran miembros
del Partido Ortodoxo.

Miope a las intrigas,
casado con la escoba de tus diatribas,
no advertiste en las sombras
al cínico ministro que te engañaba.
Cada noche tu esposa, la Escoba,
lo dejaba entrar a su cama.
Delante de tus ojos la mentira
se paseaba en su capa de armiño.
Pero,
como siempre sucede en estos casos,
fuiste el último en enterarse.

Tu obsesión con la limpieza

de la mente y el alma cívicas
se habría confundido
con un popular anuncio de detergente.

Te metiste a la gente
en un bolsillo: el mismo
en que llevabas la pistola suicida.

Tartabul

El helicóptero aterrizó
en el potrero de Breñas. Las frases sueltas
que había escuchado en conversaciones de
sobremesa
con su sabor amargo y trágico:
«peinar el monte», «bandido»,
«emboscada»– descendieron de golpe,
mariposas de hierro sobre la explanada,
a las afueras, disimuladas, de cuerpo entero.

Azoté mi bicicleta, que en esos tiempos
heroicos se me hacía una yegua colorada
entre las piernas, y partí a verte.
«Lo trajeron», «¡Ya lo cogieron!», gritaba
Luis, el carbonero;
detrás, asustada, Miguelina, la espiritista,
milicianos y oportunistas
formando un grupo que completaban
un montón de niños guajiros
y los ciclistas de las cañadas.

Titán de bronce sobre la hierba
con pies de barro –te faltaban las piernas–
una piltrafa revuelta en el camuflaje,
el rostro herido del buen salvaje.

A media asta

para el fotógrafo Eduardo Aparicio

Hay una rota, otra descolgada;
en menudos pedazos ya desecha
otra se agarra al cabo de una mecha,
esta está vieja y muy desmejorada.

Ya nunca anunciarán sentida fecha
ni los festejos de la patria amada,
siempre ondearán delante de la Entrada
donde algún vendedor taimado acecha.

Hileras de estropeadas banderitas
bailotean, abúlicas y plásticas
contra el cielo tisú como mosquitas

muertas, minimalistas y eclesiásticas:
en sus pechos de flámulas malditas
se adivina el latido de las suásticas.

Por el camino de Sade

[2003]

1

Un bardo de pelucas empolvadas,
un sabio que no tiene quién le escriba
se tira en el camastro, bocarriba,
y sueña con magníficas clavadas.

Lo viene a despertar la comitiva
de doctores y locos. Vienen hadas
madrinas con las tetas embarradas
de sangre, de alcanfor y de saliva.

La gran Revolución lo ha traicionado.
La misma Libertad que el libertino
soñó, fornicadora del Estado,

lo acusa de Burlón y de Asesino
y lo hace proclamar lo que ha callado:
la República atroz de su destino.

2

Meticulosamente construido,
casi por un milagro de la Ciencia,
el Château de Silling es la paciencia
hecha torre en la roca y hecha nido.

Un castillo enclavado en la conciencia
–y escalar es, tal vez, acto fallido,
un descenso a las cumbres del olvido–
donde no llega turba o diligencia.

El Duque ya quemó todos los puentes
y el mulo busca ahora un precipicio
donde ensayar precisos accidentes.

¡Oh puta, Libertad, madre del vicio!
Tus frígidos, fanáticos valientes,
¿qué saben del poder del artificio?

3

El Arte es el peor degenerado:
y en los planos creados en la mente
hay un ritmo interior. El inconsciente
inspecciona el recinto decorado.

Escenógrafo tan inteligente
visualiza el peligro del pecado
y lo encierra en un circo diseñado
con verdadero espíritu docente.

El que sufre: no es un enamorado
ni tampoco es un dios precisamente;
es el mismo Teatro insuficiente
que se viste de honor, horrorizado.

Y el que hace sufrir: no es nada menos
que el autor de anapésticos obscenos.

4

El Teatro es un sitio peligroso,
prostituye la vida y la duplica:
la madera es un truco de formica,
los espejos de un vidrio nebuloso.

No se sabe quién es el que fornica,
¿la mujer, los espejos o el esposo?
La pared, ¿es letrina o calabozo?
Y la puerta, ¿destina o comunica?

Los actores: apenas un esbozo
contra el telón que el cielo falsifica.
Y la trama al revés se identifica
¿con qué demiurgo todopoderoso?

¿O hay un viejo pajero, un taumaturgo,
bajo la piel teatral del dramaturgo?

5

En la lengua un harén y en los capullos
–prepucios deshojados a deshora–
una gota de miel que se demora
abocada a dramáticos embullos.

Con la misma ansiedad que conmemora
su debut teatral –y hacerlos suyos
no le basta– los mete en mil barullos:
pero nunca ha gozado más que ahora.

La lengua en su prisión «entre comillas»
–la misma que por fin lo ha liberado–
no espera ya de utópicas Bastillas

la Libertad, ni el Verbo equivocado.
¿Se pueden comparar las maravillas
de Mirabeau a un culo destronado?

6

Si ya el padre de Sade es el profeta
del Marqués que vendrá, las Tullerías
en el jardín de impuras fantasías,
nos deja ver su erótica silueta.

Jardín de maricones y de espías,
aquí viene a buscar quién se la meta
el soldado, el actor y el proxeneta:
aparecen, por fin, los policías.

En el acta final irrepetibles
palabras y sinuosas alusiones
al miembro en sus sinónimos posibles

tratan de complicar bajas pasiones
en las que, a todas luces, más terribles,
son vanas (muy humanas) ilusiones.

7

En la raíz del árbol Reyes magos
y en las ramas doradas los sonetos
de Petrarca y de Laura –vericuetos
de la sangre, heráldicos amagos–

lo harán sentir impulsos obsoletos
hacia una edad de eunucos y de esclavos:
tan ridículos son decimoctavos
sobrinos como góticos biznietos.

Escondido en los vicios de la prosa
hay un sabor de cosas consabidas
que descubre su antigüedad dudosa.

Será de antepasados, de otras vidas
–condenado a nacer en una fosa–
que heredara el blasón y las heridas.

8

«…Entonces me cogían por el culo».
Sade quiso dejar bien claro esto:
que es un placer buscado y deshonesto,
no sin cierto tortuoso disimulo.

Tiene que estar el círculo dispuesto,
y en la medida del pecado, nulo.
Por refrán popular trocado en mulo
aquel que pudo ser, por fin, depuesto.

Encuentra el miembro varonil su casa
entrando a la gandinga deseada:
el eslabón perdido de la raza.

Está la rebelión justificada
cuando el miedo, simétrico, rebasa
las mil prohibiciones de la Nada.

9

El vicio anuncia las revoluciones,
se deja ver en la pederastía,
vulgar preludio de otra sinfonía
heroica; tales son sus condiciones

preliminares. Tal es la agonía
de un mundo que desmiente sus ficciones
para buscar, despierto, sensaciones
dolorosas que antes no sentía.

Toda ciudad conserva en sus rincones
la marca de esa antigua rebeldía,
la prueba de que ya la conocía
antes de arder en cívicas pasiones.

Así por el camino de Sodoma
el mismo caminante llega a Roma.

10

Felices los que llevan del flagelo
las heridas hermosas: contraseña
de la nobleza. Pobre y hecha leña,
Rosa Keller no hubiera sido. Hielo

cubriría su tumba. Si hoy se adueña
de la memoria, sirva de consuelo
la eternidad y un rizo de su pelo
en la página trágica que sueña.

Como Laura a Petrarca –más pedante,
más renuente a servirle de modelo–
lo confunde y lo olvida en un instante.

A la Rosa el dolor le cae del cielo.
Y el Poeta, novato y diletante,
aprendiendo a matar, levanta al vuelo.

11

Detrás de los cerrados ventanales
hay un foso más ancho y más profundo
que las leyes y el orden de este mundo.
El poeta confunde a sus rivales

con las trampas de un simple vagabundo.
O se esconde detrás de los vitrales
desarmados en líquidos cristales
y es un triste arlequín, por un segundo.

Entre tanto le roncan los timbales
y trastoca en veneno el vino inmundo,
¿la cloaca de un éxito rotundo
o el *seraglio* de fuegos vaginales?

Escondido a la vista de los muros,
desconfiado de juicios prematuros.

12

¡El inspector Marais en todas partes!
Lo sigue, lo persigue, lo vigila,
con el índice-lápiz lo perfila:
garabato-mitómano-Descartes.

El Inspector, estático, vacila:
¿quién es este dechado de las artes
arsénicas? ¿Este que a Roland Barthes,
Beauvoir, Marat y Sigmund Freud destila?

Pernocta en un granero. De su ano
saldrán obras maestras algún día.
Sobre su tumba orinará Serrano.

Burlará la emboscada del espía.
Llegará a su destino más temprano
aunque en vano lo busque el policía.

13

El novio se retrasa. El himeneo
procura convertir la sangre rancia
del noble −escatológica sustancia−
privada de los ritmos del bureo

en psicopatológica distancia.
El novio afín, homólogo del reo,
se acerca a la ciudad con un rodeo
y pasa, bajo estricta vigilancia,

−Mercurio entre los brazos de Morfeo−
a las iluminaciones de la estancia,
a la fornicación sin importancia
y a la concomitancia del deseo.

La cura de su mal: penicilina
inyectada en la carne de gallina.

14

Una casa, un castillo, una defensa
contra el polvo, contra las sugerencias
de la vida (contra las apariencias)
puede ser una choza o pira inmensa.

El poeta no encuentra diferencias
fundamentales: es y luego piensa
en cualquier situación, y quien lo venza
deberá reducirlo a sus esencias.

Si él escoge la pira, si se escapa
imitando la fuga del armiño,
la pura oscuridad será su mapa.

Si la choza, un pesebre con un niño
donde el culo del Diablo se agazapa
y lo mira a los ojos con cariño.

15

Goyescas moscas de la España en llamas,
cantáridas de lívidos eméticos:
guasazas, escrúpulos sintéticos
que en vómitos –anémicas– las damas

exhalan por sus éticos, peléticos
y pelados, peludos odoramas.
De un pedo de coleóptero reclamas
placeres odoríferos o estéticos.

Envueltas en anís o en chocolate
–bombones, comezón y plato fuerte–
descienden al tibor por el gaznate.

¿Qué puede reprobársele al inerte
tábano catecúmeno que bate
alas en las entrañas de la muerte?

16

Ni mandarte a un concurso de poemas,
ni leerte en la taza del servicio,
sino identificarte con mi vicio
a través de simétricos fonemas.

Hacer permutaciones (me acaricio
la pinga, la ensalivo entre las flemas
que encendieron la boca con tus lemas)
de la sílaba antigua al orificio.

Lamer la cruz del culo, las eczemas
de Marat; rayar cal de un edificio
en llamas; describir lo subrepticio
de Watteau a David, de sus dilemas.

Ni versos madurados con carburo,
ni historias que prometan lo seguro.

17

¡Ay Sade, *ci-devant*, de-los-de-antes!
Si *antes* no es, ¿qué queda para *ahora*?
¿Un pétalo en tus libros? Mala hora
que divide en la cuna dos instantes

difuntos; embriaguez que conmemora
dos franjas de color concomitantes,
dos siglos, dos abismos, dos danzantes
de Watteau encallados en la aurora.

¿Está Citera al fondo? ¿En primer plano?
¿Regresan o se marchan? En lo oscuro
del bosque (dejados de la mano

de dios) aquel pretérito inseguro,
¿los lanzará a la margen de lo humano?
¿O se entregan de espaldas al futuro?

18

Tomaría David por un segundo
dibujar una nota en la guitarra,
donde una mano –al dedo– el aire agarra,
al aire de otro siglo y de otro mundo.

Mezzettino gentil se desamarra,
va vestido de triste trotamundo,
con el pie lleva el ritmo vagabundo:
rasga el tiempo y el tiempo lo desgarra.

Con un treno termina la comedia
divina: la vulgar tragedia humana
comienza con Marat de muerte y media.

Una nota (sangrienta palangana
y eczema) dejará la Enciclopedia
en la mano que apunta hacia el mañana.

19

¿Cómo pintó un pintor veinte mil caras
con un solo pincel? Solo una vida
no alcanza para el Arte. Quien te olvida,
David, ¿perdonará que lo olvidaras?

Allí estaba la turba reunida
y el público pedía que posaras.
¡Que tu Revolución eternizaras!
Al público da siempre lo que pida.

Una cabeza muerta, cheguevaras
descamisados, fin de la partida,
bustos de héroes, túnel sin salida,
quisimos gran pintor que nos pintaras.

Eres el mono de Watteau que unta
la tela sin saber a lo que apunta.

20

El astrónomo Bailly se endereza
(estaba inclinado sobre un mapa
de la Tierra), se va a quitar la capa,
pierde el rumbo, la física certeza

de su ser real. El número lo atrapa:
en su visión de súbita pureza
todo es Razón; toda naturaleza
solo el reflejo de lo que se escapa.

¡Que se escape después de definirlo
como el nombre de un pájaro invisible!
¿El gorrión, el cernícalo o el mirlo?

Esa boca que pide lo imposible
—¡si pudiera volver a repetirlo!—
no volverá a dudar si era posible.

21

Una máscara pálida vomita;
otra escupe, pintada, una ciruela
en la mano picada de viruela
y descorre el telón: la señorita

con los brazos alzados en la tela
recibe latigazos, exquisita.
Una frunce los labios, la otra grita
si se apaga la llama de la vela.

El conjunto (color, barniz) imita
los contornos borrados de una estela
fúnebre cubista: la misma escuela
desengañó al pintor y al sodomita.

Enfermas de Ilusión y Democracia
dan la cara desnuda a la desgracia.

22

Te pido una morronga de cristal
troquelada en vistosas dimensiones:
si hay un dios de Lladró (supersticiones
aparte), si un modelo original

provocó todo un mar de sensaciones
en mi carne colérica y mortal,
quiero en barro una réplica del mal
que devuelva al dolor sus ilusiones.

Nada puede aliviar —nada castiga
a la Nada en su traje de mujer—
como el mismo varón que se prodiga

y rechaza el derecho a renacer
en la sucia prisión de una barriga.
¿Bugarrón o instrumento de placer?

23

Solo falta un lunar en la mejilla
y una mancha de mierda en el encaje:
si le cambio el grillete por un traje
de asesino, comido de polilla,

y le borro con sales el tatuaje
rococó de la muerte –la Cuchilla
que se lleva a otra puta en la golilla–
volverá a reencarnar su personaje.

El Marqués se idealiza en el espejo,
torcida imagen, desembocadura,
reflejo de un reflejo de un reflejo.

Y reinventa al Marqués de la escritura,
más increíble pero menos viejo
cada vez que recibe una lectura.

24

Nadie podrá creer que este borracho
recitando las líneas del libreto
llegará a revelar ningún secreto
—pantalones flotando en el bombacho;

la peluca insinuada en un boceto;
la voz de viejo, labios de muchacho;
la misma indecisión de un mamarracho—
perdido en un período incompleto.

¡Es el Marqués! La turba dirigente
viajó desde París para admirarlo
como si fuera él un dios demente.

Y ya no habrá manera de callarlo
—babea en el argot del inconsciente—
y el mundo entero tiembla al escucharlo.

25

La vida es como el cuento que un idiota
cuenta, lleno de furia y de sonido,
sin principio ni fin, y sin sentido,
girando en sus metáforas se agota.

¿Y si el idiota ha sido dirigido
por un demiurgo cruel? ¿Y si lo azota
para que siga hablando, si le anota
las líneas en la mano, confundido?

Se mueve, vacilante, por la escena,
bajo la astuta, cínica mirada
de un sádico sin fe. ¿Valió la pena

pagar el precio absurdo de la entrada
para saber qué ópera se estrena
en el cruel Teatro de la Nada?

26

Una mano adornada con sortija
rodea entre sus dedos apretados
(las uñas sucias, los ojos virados)
como si fuera a halar una manija

el temblor de unos músculos mojados
que resbalan del glande a la verija
(¿son los ojos de dios por la rendija?)
ambidextro en todos los pecados.

Derrama leche y se inclina fijo
sobre el cuerpo que yace derrotado,
clavado a la ficción del crucifijo.

Es pecado mortal (el cuerpo amado
lo acoge en sus entrañas como a un hijo)
y en sus ojos caerá, transfigurado.

27

Disfrazas al poeta de chivato;
presumes del Terror que versificas;
penetras con guadañas regias cricas.
Guillotina y amor, crimen barato.

Con la voz popular te identificas;
te defiendes de todos como un gato
bocarriba; rechazas el maltrato
en nombre de la Ley, no lo criticas.

La ilusión general que el arrebato
produce en las conciencias comunicas:
océano de mierda en que salpicas
con la punta dorada del zapato.

¡Debajo de la métrica escondido
sobrevives la peste y el olvido!

28

El buscón de la calle Trocadero
sale al Prado a fletear en guayabera:
si el divino Marqués no lo escribiera
se podría olvidar, como un bolero.

En la antigua Ciudad, como cualquiera
que aspire a un despotismo duradero,
se ríe con la chusma, prisionero
él mismo de la edad que destruyera.

Toda revolución comienza en cero.
La vida criminal es siempre austera.
Admira el fanatismo, desde afuera.
Suspira ante la pinga de un obrero.

Ni el encuentro casual, ni el sincretismo:
el eterno retorno de lo mismo.

29

Los poetas de gusto aristocrático
quieren burlar al pueblo; su ateísmo
rescata al ser supremo del abismo
y lo convierte en cómico dramático.

La historia se repite; da lo mismo
si dios vendrá de Horacio democrático
o en la imagen de un místico hierático:
será la encarnación del despotismo.

¿Pedir la muerte de un demiurgo extático
o la crucifixión del comunismo,
la mística de un nuevo pesimismo
o un Mesías patriótico y simpático?

De un lado la Razón, noser supremo,
y la ambigua deidad del otro extremo.

30

«Un baño de agua tibia, unas monedas
me bastarán» —saliendo de la Ermita,
Rosa Keller cosas de fe medita:
«*Signorino*, alivia en lo que puedas

mi triste situación, cualquier cosita…»
Y el Marqués, que se esconde tras las sedas,
bajo pieles de zorro: «Si te enredas
conmigo hoy, soy yo quien resucita».

El encuentro casual en la capilla
del gran señor feudal con la hilandera
es como un deus ex machina a cuchilla.

Sobre la carne viva cae la cera
y en la costra se forma una postilla
que parece un Jesús de jodedera.

31

Puño embarrado y antifaz de cuero.
En las paredes, látigos, cadenas.
Aparatos, imágenes obscenas.
Un tubo eclesiástico de suero

le sale por la pinga y por las venas.
La mierda va del asco al vertedero
por un cilindro cónico de acero
y le cae en la boca a manos llenas.

Es un tipo feroz, de mal agüero,
parado en la altitud de las antenas.
Parece un demencial Reinaldo Arenas
cruzado con Mefisto camionero.

En el vaso colmado del delirio
hay un falo trocándose en un lirio.

32

Como las nubes de un atardecer
pasan del rojo y el dorado intenso
en un segundo al gris y al negro inmenso,
así pasan la Suerte y el Poder.

Le llegó al Fin la hora del comienzo,
y al rey (y a dios) el tiempo de caer:
el revés de la Nada puede ser
a veces la ilusión de un cuerpo denso.

Pasa la nube, se desdora, expira;
con un temblor sanguíneo en las pupilas
desde la altura en su estertor nos mira

el dios —el sol, el astro, el Rey—. Los lilas,
los rosas viejos eran de mentira.
Y hasta la luz deserta de sus filas.

33

En la soñada Edad del Batistato
que Mirabeau quería fuera corta
como un sueño despierto que se aborta,
el crimen ya era parte del Contrato

Social. El compañero que ahora exhorta
al *Patria o Muerte*, busca el desacato
y conmuta la culpa del chivato
porque el ayer soñado no le importa.

Los viejos que inventaron el mañana
guardan reliquias. A la sepultura
se llevarán su angustia soberana.

La invención de Rousseau, ¡a la basura!
¡Al carajo la prédica martiana!
¡Que nos den la olvidada dictadura!

34

Aunque la esposa busca una coartada
para hurtar al rehén de la Bastilla
(su esposo, con razón, se desgalilla
avistando el peligro) y engañada

acude a la prisión, la pacotilla
le cierra los caminos de la entrada.
Una vez más la Libertad frustrada,
y otra vez el Marqués perdió la silla.

Entre escombros, perdida y encontrada
—el refugio verbal de una ladilla—
la novela escondida en la semilla
se convierte en Vulgata novelada.

Los ciento veinte días de Sodoma,
o «El destino en la ergástula se asoma».

35

¡Qué execrable invención *l'Égalité*!
Ensueño de profundos abogados,
de frígidos filósofos castrados,
absurdo y vanidoso no-sé-qué.

Principios más desnaturalizados
que los que invoca el Bien, de mala fe,
–confunde al *sansculotte* con el que fue
un gran señor– no han sido equiparados.

Nacemos, por casualidad, distintos:
los unos para innatos dictadores,
los otros para pálidos jacintos.

¿Podrá igualar las fieras con las flores
el pintor de mecánicos Corintos?
¡Todo el mundo tendrá televisores!

36

Un Cristo viejo es siempre un Anticristo,
la misma senectud ya lo delata.
Muere dios joven si antes no lo mata
la eternidad. Lo duro es ser Mefisto.

¿Quién va a comprar su brújula barata
para reconocer lo nunca visto?
¿Y cuándo, de verdad, estará listo
para aceptar que no metió la pata?

Le pesa la barriga. Los cojones
engurruñados –¡cuánta idolatría
soportarán!– no tienen ambiciones.

Expira en democrática agonía
–la muerte pisa a *todos* los talones–,
un diablo viejo en sabia hipocresía.

37

Jean Valjean, Jean Marais y Janet Reno,
borrados personajes de la Historia,
todos buscan su pírrica victoria.
Un misquito, un mulato y un albino.

Ya no queda ni rastro ni memoria
de Beauvoir, de Marat, de Brian Eno.
La memoria: jardín con un camino
que se bifurca al paso de la gloria.

Si el destino no fuera tan mezquino
volvería mojarse con la euforia
de la primera vez. Escapatoria
hacia un filme de Quentin Tarantino.

El pasado, el presente y el futuro
se intercambian caretas en lo oscuro.

38

Puedo escribir los más tristes versitos
esta noche, sentado a la coqueta.
Puedo sacar mi voz de la gaveta
y dejar argumentos malescritos.

Aunque los haga bien (malinterpreta
mi silencio, lector), versos malditos,
abriré la ventana de los gritos
para que el mundo entero se entrometa.

¿De qué vale coger yambos bajitos
y morir con la toga del poeta
si no baja la blusa y una teta
abotona sus pétalos marchitos?

Puedo escribir: «La noche está estrellada»,
o dejarla escapar sin decir nada.

39

Decir adiós es la maldad más dura
que inflingírsele pueda a un contrincante
–ya lo dijo Martí, lo dijo Dante
desterrado a la selva más oscura.

Las entrañas de un monstruo y de un gigante
convertidas en celdas de amargura
–y la tierra extranjera en sepultura–
serán como su hogar en lo adelante.

En el río del ser, en el reflejo,
el cielo vio, la tierra prometida,
mas solo en la apariencia de un bosquejo.

Extranjera será la misma vida
–la vida que es la guía del perplejo–
a las puertas de cada despedida.

40

Al Maestro J.P.L.L.
...Et rumpite libros

Volverán las sagradas golondrinas
en tus libros oscuros a volar,
y otra vez Jean Valjean podrá robar
candelabros de huecas calaminas.

Me enseñaste a leer y a caminar
por un París de heráldicas esquinas:
y en mi libro sin páginas caminas
donde nunca pudiste imaginar.

Otra Revolución quemó los tomos
de Lamartine, las tristes poesías
de Bécquer, los correosos lomos

de Hugo y Flammarion que tú querías
fueran míos. Quedaron los asomos:
tus palabras mirándose en las mías.

Cuna del pintor desconocido

[2011]

–Do you prefer to be alone?
–Totally alone. With their memory.

Francis Bacon, *Conversaciones con David Sylvester*

Godot ex Machina

Godot ex machina

para el pintor Ramón Alejandro,
Magister Ludi

I

Ratonera Louis XV cartesiana
abre afilada boca, ¿cómo habría
de estar equivocada el alma fría
que aspira a un matemático Nirvana?

La camisa de fuerza de una orgía
cortada a la medida que rebana:
si mata con la misma fe que sana,
privada de Razón enloquecía.

La Anatomía trillada de las cosas
recibe la incisión de lo concreto
y exhibe sus heridas rencorosas

como quien se pintara un esqueleto
sobre la piel: antípodas vistosas
en el envés manchado de secreto.

2

Descendió del sufrido caballete
como un dios seductor de su calvario:
la traición y el ridículo salario,
la punzada mortal con que arremete

Longino –pintoresco y funerario–
para darle un sentido que promete;
ha debido sufrir sutil sainete
para entrar en el reino de lo vario.

De un espermatozoide de Aladino
en vagina bucal de Scherezada
han nacido los cánticos del vino,

¿qué Padre adjudicarle a la pintada
forma, encarnación de lo divino,
si ha salido completa de la Nada?

3

Descripción de los cuadros de Alejandro:
mostrar el filo de la sangre fría;
combinar mi locuaz caligrafía
con su pulcro mirar: en el meandro

de una gota de aceite que corría
descubrir las Bucólicas. Que Sandro
Botticelli, vestido de Leandro,
nos proponga su líquida aporía.

Entendido en privadas alusiones,
aspira a ser, de incógnito, tercero,
alguien que silba asiáticas canciones.

Sombra escondida en lápiz pordiosero
o anotada en dáctilos chillones,
¿adivinas su nombre verdadero?

4

Castillos en el aire construimos,
envoltorios de piedra y de madera,
carpintería analítica que fuera
a un tiempo negación de lo que fuimos

y cascarón vaciado de la espera;
puros huesos formales que los mimos
de la Razón reúnen en racimos
y dispersan después por dondequiera.

El pensamiento alumbra escuetos pinos,
agazapados dólmenes, colmenas
fatigadas y bosques peregrinos;

y se ofusca en imágenes obscenas
con el rabo de anteojos cristalinos:
parabolicoheráldicas antenas.

La conspiración de la escalinata

Estos que fueron sucios calcañales
de indígenas en blancas alpargatas
enfundados, por las escalinatas
ascenderán, centípedos rivales.

Cuando el friso vulgar alce las patas
—aporía de todos nuestros males—
escalones geométricos, iguales,
los harán avanzar, tanteando a gatas.

La escalera no hace la costumbre
del ascenso, ni menos cuesta arriba
la promesa de sueños en la cumbre.

Ciertamente, no habrá quien los reciba,
abocados a egregia incertidumbre:
¡caprichosa frontera sucesiva!

Cuadratura del círculo

para Gabriella Mészáros

Tu cuadro ilumina nuestra mesa.
Como el óleo de un rey ya fenecido
que colgara en la casa de un bandido
tu cuadro nos obliga a la nobleza.

El rojo del sillón se habría podrido
(en sus brazos cubiertos de maleza
las carnívoras flores por sorpresa
se pervierten) al sol descolorido

si no llega a salvarlo la belleza.
Lo que pronto será no hubiera sido,
y el presente –fugaz desconocido–
volvería a volarse la cabeza.

Tu cuadro marca el rumbo del poniente
y en la pared refleja a su pariente.

Francis Bacon delante del Papa Inocencio X de Velázquez

Este guerrero puesto de rodillas
delante de la puerca de la Historia
pidiendo absolución de su memoria
a aquel que obró primeras maravillas

reconoce la técnica irrisoria
en minúsculas ruedas de alforcillas
—empapada la silla de Castilla—
nada menos que el manto de la gloria.

La pintada visión por todas partes
rezuma realidad, y sin embargo
es la más traicionera de las artes.

¿Cómo pintar la duda por encargo
—la mirada que al público repartes—
si el precio de mirar es tan amargo?

Drácula

Me despierto cada doscientos años
enfermo de la misma enfermedad
(descubro a cada rato una Verdad)
mis padres fueron príncipes tacaños.

Prófugo vivo de la realidad
que ocultan medievales entrepaños:
más vale renunciar a los engaños
de la Vida que ver por caridad.

La sangre de una virgen a mi boca
es como el agua. No conozco el sueño
que en públicos espejos se retoca,

ni puedo ya mentir, aunque me empeño
en darle al impostor que me convoca
la imagen de un político risueño.

La metamorfosis del Ungeziefer

Gregorio se soñó una cucaracha
en su cuartucho de la vieja Praga
y nunca jamás, haga lo que haga,
podrá librarse de su nueva facha.

Mártir en telas, marchante de la plaga,
anélido que amaba a una muchacha:
con un poco de sida se emborracha,
la que fuera su vida lo empalaga.

¿Qué es la salud? La enfermedad que alcanza
puras metamorfosis, y en espera
del martirio recibe una esperanza.

Antes que su destino descubriera
una mañana, ya sobre la panza
llevaba escrito en letras rojas: *¡muera!*

Darth Vader

La máscara se esconde tras la cara;
está detrás la herida del pasado.
Es el antiguo Marte: dios soldado,
homúnculo, brilloso Che Guevara.

El Príncipe, futuro delegado,
que galaxias oscuras agitara:
tomó el ferrocarril de Santa Clara,
perfecto Jesucristo disecado.

Con su espada flamígera separa
las vísceras podridas del Estado:
posee por fin la prueba que ha buscado.
Practica el exorcismo en una piara.

Los astros, que conocen la Caída,
desertan de este Ícaro suicida.

Autorretrato en el fondo de un cáliz

Un artista entre artistas, yo me mido
en sus sombras; no hay nada más sensato
que encontrarle la cuarta pata al gato
ni es menos lo que tengo o lo que pido.

Todo está dicho ya; ni me debato
en las grandes cuestiones ni he vivido
y en saber lo que ignoro se me ha ido
la vida: soy un clásico barato.

Ser o no ser, quizás soñar a veces
el eterno retorno de lo mismo.
Podré multiplicar panes y peces,

o en un acto supremo de egoísmo
apurar la cicuta hasta las heces:
pero todo en el fondo es espejismo.

Cuna del pintor desconocido

Netsuke

En un cuarto vacío
donde todo brille
que el asombro se quede mudo.

¿Cuándo nos despedimos?
¿Cuándo decidimos dejar de decir nada
y mirarnos las caras?
Enfermos por amor al arte.

Los dueños de las galerías.
El tiempo libre.
La libreta.
La cárcel.
El carro del año.

Hablamos
de nimiedades. Perseguimos
algo que se nos escapaba
sin decir nada
y eso era el arte.

Rodeados de cuadros
de acuarelas
de acueductos.

Los lienzos mortuorios
son mortajas estiradas:
papiros que soportan la carroña.

Sonar como una campana
y romperle los tímpanos
a todo un pueblo
es el deseo secreto
de los que no dicen nada.

Nuestro exilio transcurrió
en cocinas extrañas
calentando una sopa de letras.

Comidos de deudas
pagamos seguros, y seguramente
dejamos algo sin pagar.

Casa, hijos, familia
vienen después del arte:
ellos son los culpables
de que el mundo sea como es
y no como lo pintamos.

Efectivamente, no hay tiempo
para desanimarse y
sin trabajo no podremos pagar
las deudas contraídas.

De pie no hay momento
para llorar
no hay arte que valga.

Deambular, andar sin propósito
no hacer nada, conversar,

perder el tiempo:
la absoluta convicción
de repetirnos
nos obliga a jugar.

Lo que ocurre dos veces
cae por su propio peso.

Bienaventurados los que actúan
con absoluta certeza:
fe es duda.

De que hay otro mundo
¿qué duda cabe?

Fe es la certeza de lo que existe
sólo en la imaginación.

Tumultuosas avenidas
del punto A al punto B
acortan las distancias
recortan las alas.

Época Gris

Llorando lágrimas de tinta
el payaso enumera
en el centro del ring
sus dudas.

Bajan las luces
todo huele a estiércol
y un trapecio
se mece a solas.

La banda sitiada
arremete
un redoble inaudible.

El público está lleno
de filósofos que gritan
y apuestan.

El cuchillo del lanzadagas
desdibuja el contorno
de la víctima:

es apenas una muchachita
pero esta tarde, mientras aspiraba
el perfume de una rosa
en la solapa de Arlequín

recibió en pleno rostro
la burla helada del arte.

Ella nunca aprendió
los movimientos más fugaces.
La caligrafía árabe
de sus piernas

provoca la risa
detrás de las jaulas.

¡Bajo la carpa
cada noche es tan simple!
Las estrellas están numeradas.
El océano en su taza amarilla.

¡Si las fieras rompieran
las barras
si escaparan!

Un payaso instalado en
la silla del domador:
trono de hambre.

Arlequín lo recuerda:
carpas vacías, el ladrido
de un perro,
saltimbanquis que bajan
hasta las gradas,
banderitas que ascienden
hacia el palo mayor.

Arlequín yerto
sus manos esponjas y cerdas
dobladas sobre el pecho
inseparables ya.

¿Qué puede detener
al labio en su caída
hacia la mueca?

¡Estirado acordeón
de oreja a oreja!

Cuna del pintor desconocido

para Leovelito, pintor de Hialeah
para su padre Leovel, barbero judío de Surfside
para su madre María, esclava y ama de casa

Toyota, mi Aristóteles
de cuatro cilindros
me enojo con el televisor y lo trasteo
en el rostro, en lo que pienso
ya no se distingue
he sido inoculado en el vientre
de mi madre, el mundo se repite
cada dos, cada cuatro años
y aunque aprendí a leer
y a escribir, no sé cómo decirlo
no puedo salir de este libro sin palabras
entrar a la Ciudad ha sido una odisea
en cuestiones de estilo
consulto al televisor
repito lo que él dice.

Llanto de una Madre

El mundo se divide en dos bandos
los que vivieron la gran revolución
y los que no la vivieron.

Tú perteneces al segundo:
todo lo que has soñado
hecho realidad, también
tus peores miedos.

Los dormidos y los despiertos.

Mesías, Dios, Picasso, Etc.

Empezaste ese lienzo varias veces
y varias veces lo abandonaste
grupo de meretrices
con máscaras africanas
un brazo doblado sobre la testa
tajadas de frutas tiesas
de madera o de bronce
detrás de las cortinas del estudio
respuesta geométrica
ocultabas su realización trabajosa
empeñado en captar las sombras
y en descubrir las cosas.

Todos pueden pintar el mismo cuadro
cuadrado dentro de los límites
aspira a contener el reverso
el espejo de las cosas
y es siempre mejor que un portarretrato
ni el realismo mecánico
ni la crucifixión que les ahorra
hurgar en las heridas
que es la manera más justa
de concebir el autorretrato
porque el Mesías será muy surrealista pero
dios está más cerca de Picasso.

Razones de un Padre

Al principio *Be'reshit* era la letra
de los grandes movimientos artísticos.
Se sacó estrellas de la manga
a su luz escribió cinco libros.

Se enoja con la criada de Santo Tomás
y la trastea para que funcione:

«Lo que pienso no tiene rostro».

«Aprendí a leer y a escribir
pero no sé cómo decirlo».

«Niño inoculado en el vientre
de su propia madre».

«El mundo se repite cada cuatro,
cada dos años, y así hasta el infinito».

«Un Aristóteles de cuatro cilindros».

«Joyas sin pulir de los deseos
incumplidos aguardan su joyero».

El premio del esfuerzo

Se me ha caído el pelo
perdí los dientes y las muelas
cuidando este museo:
la colección nunca estará completa.
¿Dónde colocar el jabón
de tocador, ca. 1959?

El gallito de oro escondido
en su pulpa abyecta
estaba premiado con una villa
a las afueras.

Llanto de una Madre

Pernoctaba una rosa en el mañana
había uvas, racimos de manzanas,
sidras benditas bañaban las ventanas
y los cuadros daban campanadas...

Hace treinta años comencé
a escribir este poema sobre las cajas
de un almacén en Brooklyn:
el jefe no podía meterse en mis recuerdos
el tiempo no caía sobre La Habana.

Lo he guardado en mi pecho lozano
lo he llevado en mi seno estrujado
lo sacaba a la luz para alumbrarte
cada vez que se hizo necesario.

Paisaje familiar

yueve sobre el rótulo
«Hess» gasolinera
bajo autopistas
el barrio de los negros
un Paradiso para trabajadores
recién llegados de la sinagoga
se desmontan de sus camionetas
bajan al río dorado de cerveza
y pierden la razón por unas horas
la música de la frontera
invade tu pequeño jardín
si pudieras
¡declararías la guerra
a la insolente orilla opuesta!
debes fingir que ignoras
sus insultos
tu padre se ha calado la *yarmulka*
y ruega a Dios (parados en la puerta
ustedes lo subrayan
lo comentan)
que no toquen los bárbaros
la puerta.

Márgenes del basurero

La vida es un piñazo en pleno rostro
imposible esquivar su acometida
con la misma elegancia con que evitas
las calles concurridas

ya nada los asombra
en esta quinta en las márgenes
del basurero: una montaña
de revistas, Monte Abora

¿y es Selena o la Luna
la que asoma
su demacrado rostro
tras la loma?

Horas magnánimas

El lienzo donde te ves desnudo,
oh prodigio!
el que cuenta los puntos de tu herida
Jesús desconocido para el Judas
que cuelga encima del aparador.

Sobre la cama destendida
un cuaderno de apuntes
soporta los bocetos de actores mejicanos

trapos, prepucios, brazos, cartílagos
pezones inflamados, Jorge Rivero
y Andrés García, tus secretos
modelos en las horas magnánimas
de arte y sodomía.

Conejera

Dibujante exquisito que
dejas tu brocha a los pies de una estatua
–fábricas, *¡Hola!,* recortes de revista–
porque el arte de estos tiempos
rompe vajillas, complicado
en su propia muerte.

Mientras tanto eres tú
el único artista de las orillas
cautivo entre paredes amarillas

favela de casitas parásitas
que convocó
la factoría
tu cuna.

Para ser leído en un salón de Kendall

Los dos primeros años aquí (son los más duros)

Mi joven esposa
sentada sobre el bastidor
desarreglada y preñada
habla por teléfono.

Que yo era un traidor, lo concedía
abandoné mi patria y me llevé
a la más bella de sus hijas:
luego, en el gran apartamento
la vida me aburría.

Singábamos en el baño
de pie contra los cisnes de azulejo
envueltos en bouquet de Cachemira
y palmaoliva
o en la cocina (borras
de café en los pies y cocaína
en las venas) en todas partes
o al revés, detrás de las cortinas
viendo pasar el mundo por la esquina.

Había espejos por toda la casa
había muebles viejos
regalo de las primas, los colores
no coincidían con las flores
de papel y la mesa tenía
carcomidas las patas de madera.
Había niños jugando afuera.

Que yo era un traidor no lo he negado.
Abandoné mi patria cuando más dolía.
Después en ninguna patria me he quedado.
La imagen del traidor me perseguía.
Huyendo de la secreta policía
me perdí en un mundo congelado.
Yo no sé si he perdido o he ganado.

Factorías

Deambulábamos de factoría en factoría
no había ni un momento para el arte
llenos de inquietud sobrevivimos
acomodados, por no decir aniquilados,
comíamos y bebíamos.

La *Merrow* te cosió los dedos y los párpados
con hilo negro consuetudinario
el corazón te pegaba con stitches
debajo de reflectores padecías
en el baño fumabas a escondidas
virgen creada a mi semejanza.

La *forelady* era una vieja desdentada
la escupimos en plena cara los dos juntos
¿lo recuerdas? Abrimos la puerta
y dimos un portazo de hierros corrugados
que sonó por todo el exilio de porquería.

Eso era lo que la gente no veía
lo que no comprendía la familia
esos que nunca, nunca, pero nunca
quitaron los forros de nailon transparente
a los juegos de sala decadentes
de un rococó estilo Hialeah.

4 de Julio

Estamos solos un día soleado.
La carretera pasa por la ventana.
El televisor que habíamos soñado
es una pesadilla multicolor.

Las banderas ondean en la casa.
Nadie puede devolvernos el sueño.
Lo que se perdió, lo que nos quitaron
se agita en la mala memoria.
No decimos palabras el uno al otro
(comida en la mesa, tranquilidad

en la sopa y en los pagos).
Este es un día, un día señalado:
no hay gente describiendo lo que ve
hay gente mirando a la repisa

donde (es día feriado) descansa
el aparato que habíamos soñado
dando irreparables, alegres noticias
hay paz en el orbe. Suben risas

desde la calle, olor a pólvora
ruidos, chillidos, alarmas
de carros, ecos, alaridos.
¡Todos hemos triunfado!

Nadie aparecía

¡Ay! fingí unos besos allí
soné labio con labio sin deseo
abracé y otra vez no era nada
el cielo no podía ampararme
en su pecho. Si mentí
solitario y maltrecho, lo hice así.

¿Cómo puede alguien vivir
por vivir? Imité la pasión
aprendí a conducirme. Por ti
las palabras que dicen hablé
para estar en el mundo feliz
donde viven los otros viví.

Con cuidado, en peligro de ser
descubierto en un gesto o en
una palabra fina y delicada
oh, mi tarea era muy complicada
podía todo echarse a perder
siendo libre dejaba entrever

que me vieran, que súbitamente
llegara la gente, se abriera
la puerta del gran aposento
donde (frente al espejo opulento)
practicaba el secreto antifaz.

Por fortuna nadie aparecía
¡nadie apareció, ni aparecerá!

Vida secreta de los gusanos

Apocalipsis ahora, repitiendo *el horror*
el horror, el horror un profesor
Basura en la selva oscura…

Comíamos pop-corn:
estábamos preñados
con una canción.

Después de fregar platos
a acostarnos con hambre
fumar un cigarrillo
noventa y nueve centavos
de la televisión, de la anunciación
de la sensación, de la insinuación.

Habíamos emigrado
cuando la gran película de acción
ya había comenzado
y con ella *el horror*
el horror, el horror…

Un profesor Basura acostado
levantado, parado, sentado,
en la mesa de la cocina
escribe un tratado.

Hay un reloj, un dios, una alcancía
medicinas de esclavo liberado

«pero esta libertad no es mía»
punto y parado
delante de ustedes, escribo
escarbo, esclavo
puro animal que no confía
en la seguridad del Estado

el que apaga las luces y se queda a oscuras
para que discurra el descanso
como un gran manantial de cosas frías
peligro y llanto
dentro de las manos vacías.

Corín Tellado y
Delia Fiallo se disputan
lo que va quedando.

Así me hundía
en las mínimas cavilaciones del día
yendo de la cocina
a las más minúsculas porquerías.

Viviendo en un tonel
y que los dioses sepan
que he sembrado un vergel
entre las tablas huecas.

Un esclavo marcado
liberado: desnudo
y ataviado
con púrpura de Tico
y corduroy de saco.

Como un gran manantial de cosas frías
desciendo en el tumulto, agarrotado.

He llegado hasta el fango
húmedo de alegría.

Excavaciones en el Parque de las Palomas

Detrás del sicomoro tú meabas:
deambulaba yo por allí
cuando divisé en el principio del chorro
el origen de la vida.

La biblioteca era de mármol todavía.
Nos sentamos en sus escalinatas:
existía una correspondencia total
entre tus dientes, el mármol y las escalinatas.

Uno junto al otro entre los árboles
apurando sus grandes copas
fumábamos y discurríamos.

Me dijiste: «El sol
es Lucifer». La tarde
se quemaba entre tus dedos
manchados de resina.
Me dijiste: «Te va a doler,
pero el dolor es fiel».

Winn-Dixie abandonado

Subimos al *Winn-Dixie* abandonado.
Saltando de dos en dos
los escalones llegamos
hasta los estantes dilapidados
«Costillas de cerdo a 50 centavos»
«Jamones» «Morcillas».
Espejos convexos para cazar ladrones
sirvieron de mirilla a nuestros corazones.
Industriales alfombras amarillas
de lecho.

Miré hacia el techo
con decorados de Pascuas todavía
en aquel mayo ardiente.
Miré al poniente
a través de ventanas vacías.

Estábamos calientes.
Desnudé tu pecho.
Te cerré los botones.
En cuestión de fracciones
de segundos, desechos
escuchamos las conversaciones
de los borrachos
mientras bajábamos
los 50 escalones…

Paño de lágrimas
En la muerte de la poetisa Pura del Prado

(*Aria*)
Naciste entre los arrecifes
Venus de Willendorf santiaguera,
te cubriste el pudor con la melena,
Virgen parada en una palangana.

Un poeta te abrió de par en par
el corazón que no cesaba de llorar:
y en el idioma de antiguas
cucarachas mensajeras
el Dictador te enviaba mensajes
que nunca pudiste descifrar.

Un endecasílabo de cabeza, y una
décima cortada en diez pedazos
envueltos en cartucho y en raso
compraste en la ilustre carnicería El Rechazo.

Y un jamón, que era una pierna
hinchada por los años,
arrastraba un zapato.

¿Por qué sufriste, por qué desesperaste
por aquel mulato con dientes de oro?
Ochún te cambió espejos
por témpanos de hielo
y él se mudó a New Jersey
en Enero.

Una décima colgaba en diez pedazos
de los garfios mayores y menores.
El mulato te amó con mil amores,
el Dictador te puso como un trapo,
recogí en un cartucho tus zapatos.

Con aquel vozarrón tus odas ofrecías,
los médicos permutaron las sílabas,
por una tubería dispensaban a tu tráquea
con los dolores del dáctilo y del troqueo.
Eras pura otra vez: en el Prado escondido
diez leones broncíneos
escaparon sin ruido.

Sobre una hoja habías trazado con bolígrafo
el contorno cruel de tus espejuelos
como esas manos que en las cuevas prehistóricas,
por dejar una huella, demarcaron sus sombras.
A algunas manos les faltaba un dedo,
y una pata a tus espejuelos.

(*Jingle*)
Caprichos de Goya
cascos de caballo
majas en conserva
tapa de los sesos
para tapar la olla.

Los médicos te declararon «Santa» entre comillas:
Venus de Willendorf, naciste de la costilla
de un Dictador.

Apareciste en una caja
de zapatos, con un sinsonte
atado al corazón.

Virgen nacida sobre una palangana,
entre flores blancas y perfumes,
con gafas baratas –les falta una pata–
remendadas con esparadrapo.

Ochún a go-gó.
Yemayá de plástico.
Ninfa del montón.

(*Coro*)
De todas las maldades
habrás sobrevivido
entre polvo y metales
reina de las praderas
detrás de los cristales
el pino y la madera
recibirán sin ruido
tu pura sementera
con rumbo a los bohíos
te escuchan sin reproche
los pájaros y el río
frufrú de paraderas
cuando desciende el coche
que regresa al abismo
la nada ya es lo mismo
ya todo da la Nada
la punta de la espada

o el cálamo de noche
que tanto ha dado al cántaro
hasta que al fin te jode.

El derecho de noser

para Cástor Díaz de Villegas

En las tardes tristes
de Cumanayagua
me senté a esperarte.
Estaba escondido
en el escaparate
en el jarro ardía
el café lluvioso
llueve por la tarde
el mundo es hermoso
cuando llega el Padre
su sonrisa es verde
como cafetales.

Se limpia las botas
escupe en el balde
habla con acento
vox municipalis
llora para adentro
su comida es arte
los hijos lo esperan
recogen la mesa
viven de su aire
se estrechan las manos
le dan una excusa
en los cafetales.

Ya sube montañas
habla en sueños, calla
promete a los hijos
villas y Castillas
en la canastilla
había una sorpresa
su pecho es de arcilla
no hay quien lo divise
su amor lo adivina
corre una cortina
de efectos pluviales
por los cafetales.

«Supón que un escudo
se opone a las flechas
guanajatabeyes
con puntas de piedra»
así cuando llueve
el agua sonaba
sobre los tejados
de Cumanayagua
un pueblo olvidado
donde volvería
a pasear en coche
por los cafetales:

él café chapea
se escondió en la cueva
¡que llueva, que llueva!
¡Virgen de la Espera!
agua chapoteaba

sufrió enamorado
de la cruel jutía
del rubio venado
con pan lo enjaularon
bajaban, subían
cargados de cuentos
de los cafetales.

Rosales, quintales
que se lleva el viento
alfanje la mocha
el machete al cinto
palmar de Corinto
bosque que aletea
luz de los caminos
se volvió guajiro
el Padre lo encuentra
niño por el trillo
que se había perdido
en los cafetales.

De Aquiles, la Tortuga y la Fijeza

Hay dos puntos: la Duda y la Certeza.
Una es la trampa y meta de la vida,
la otra es nacer, el punto de partida.
De Aquiles, la Tortuga y la Fijeza.

La Duda, como buena precavida,
partió hacia la mitad con gran pereza:
«Si juntos compartimos la tristeza
de no poder llegar a la medida»,

dijo, sin convicción, la patitiesa
al de los pies ligeros, «Compartida
será preciso hallarle una salida».
Y Aquiles: «¡Has perdido la cabeza!»

Divide y perderás siempre lo mismo,
más la raíz cuadrada del abismo.

Construcción del circo en Miami

Erecteón derivado del concreto
(concreteras ruidosas descendían
por las calles lejanas) que erigían
arquitectos caídos en secreto.

Los actores menores repetían
las palabras trilladas del libreto.
(En las gradas, el público indiscreto).
¿Es que acaso dudaban que existían?

El Tiempo volverá (cámara lenta)
doblado en otro Tiempo ya olvidado
(preguntas metafísicas se inventa).

El mismo constructor que lo ha soñado
con pura eternidad experimenta:
¿qué huella quedará del malpensado?

Vida de perra

Sobre lustrosos pisos de caoba,
despatarrada, henchida de placer,
Goya saluda. Sin nada que hacer,
de la puerta cerrada hasta la alcoba

va, postulando la lógica del Ser.
¿Quién se oculta detrás –cuando se arroba–
de esos ojos de extática Pavlova
que responden a un timbre de alquiler?

Semejante a la Infanta Margarita
el interior de un Coral Gables vano
la concibe, la apaña y delimita.

Su universo y perímetro es urbano;
sus maneras, de hermana carmelita
con pespuntes de gótico cubano.

Quema de libros

Johannes Kepler frente a la hoguera
donde arde su tía, la bruja Enriqueta

Yo siempre padecí del horror al vacío,
que en muchas ocasiones llenaba con palabras.
No hubo quien predijera el nacimiento mío:
las palabras predicen lo que no vale nada.

Lo que no vale el llanto de una madre que espera.
No basta con pedirlo: hace falta que muera
en fuego estrepitoso (...*como hojas de acanto*
rendidas en el polvo, viradas para afuera...).

Un niño es siempre menos de lo que parecía,
a no ser que un veneno lo convierta en ratón.
Lo convierta en cadáver dormido en el espejo
(...*entonces su fantasma será inmune al dolor...*).

Si recoge en las manos el hocico de un perro
o se lleva a la boca la voz del impostor,
o se pone zapatos descosidos, de estreno
(...*o recibe el bocado mojado del varón...*)

aguzará el oído para escuchar de lejos
los astros que amenazan con su disolución.
Escupe para adentro, camina para afuera
(...*sin encontrar entrada, salida a los reflejos...*).

Su permutar en círculo lo obliga a la quimera,

a jugar con candela, a calcular en frío
(...*si no siente o padece se morderá la lengua...*).
Yo siempre padecí del horror al vacío.

Quema de libros

Ahora quemo los libros que me hicieron famoso
para que nadie sufra futuras tiranías
(...*para que vivan libres, sin libros peligrosos,*
urdiendo humanitarias, tristes cacofonías,
para que no padezcan...) ¡Que sí, que sufran mucho!
No les ahorro nada, a la Nada encomiendo
esas almas colmadas de negros sufrimientos,
revelados en fotos, en falsas biografías.

Ahora quemo los libros que me hicieron dichoso.
Clamo al tirano, alabo –¡incomprendido acaso!–
su mano de hierro puro (cerrada, luego abierta)
y la pongo en mi mano, ¡su mano en mi cabeza!

¡Qué el Tiempo en ti sería, experto trotamundos
que vagas solo, oculto en lo profundo
de unos ojos de trueno! ¡De ojeroso granito!
Si dejaras el bien a los malos, los buenos,
si hubieses renunciado a golpear infinitos
con tus puños de hierro...

¡Oh! ¿Te ríes de nosotros?

Escribiré mil libros que te canten de nuevo:
libros negros, quemados, en blanco, aparatosos...

Que veremos arder

A veces cuando miro el *Discovery Channel*
veo a un sabio explicando la agonía nuclear
de un sol que se desgrana en negros agujeros:
la Tierra es la nodriza que le dio de mamar[1].

Un sol desenterrado que ve pasar su entierro
por la negra sustancia tediosa y singular
donde ya defecaba en rayos de destierro
antes de quemar todo y dejar de brillar.

Quizás, anticipados, temblábamos de miedo
pensando qué serían carámbanos de hierro,
las horas de ceniza, las cúpulas de hielo,
cerradas las entradas del mundo sublunar.

¿Nos tocará a nosotros? ¿Por qué tenemos miedo?
Faltan muchos eones para llegar a aquello.
Nunca estaremos muertos de insolación salobre,
de falta de sabores, de rayos del invierno.

No sé por qué temblamos al concebir la parca
senectud de los astros que brillan a lo lejos:
en nada nos concierne su parsimonia fría.
Moriremos calientes, y moriremos viejos.

---

[1] *Nutrix ejus terra est.*

Pero tú, fiel astro —¡oh sol desorbitado
que llevamos adentro, poniéndose en espejos!—
detrás de los mogotes descenderás un día
no lejano en la falsa decrepitud del Tiempo.

Reniego de los nortes

¿Quién sabe de esas cosas, oscuras, apiñadas,
terminadas en punta, situaciones de estrellas
en firmamento puro de libro de cometas
bajo la luz martiana de un foco fluorescente?

En el espaciotiempo se ve el perfil del mundo
cerrado en el sí mismo, ensimismado, duro.
Es el ceño de un dios flotando en el meado
callejón de una urbe tomada por los indios.

Aquí todo fenece, se trueca, cobra vida.
Hay dos categorías, ¿a dónde lleva el rumbo
de ese charco de orina que persigue el tolete
y que camina torpe, paciente anestesiado?

Reniego de los nortes que insinuaron los astros.
Los acentos sureños que el aire televisa
engañaron al sabio de los labios oscuros.
Morirán despeñados, como astros del fútbol.

El bien y el mal (mitades de estrellas invertidas)
se toman las cinturas y forman una rueda
dando vueltas y vueltas por la pista de baile,
vestidos de guevaras con las caras partidas.

Naturaleza muerta con caldera de hierro

Esas cosas que a tontas reuniste
se irán desperdigando: la cocina
llegó a su punto crítico de estopas, de cerámicas
pintadas con manos maromeras,
florecillas, orugas, primor de metileno.
La perfección que muere en la cocina.

En el hogar la vida es más sabrosa. Pero,
¡cuán amargo el pezón de la diosa
de la caña de azúcar!
Así se irá borrando (cuando acabe
la dorada República) aquel contrato
que amparaba las cañas
cogidas por los tallos en manojos legales,
amarrados a ellas (legalmente, a la vida).

Una vez suelto, o cortado a machete,
ese nudo gordiano que anudaron los sabios,
se irá corriendo todo hacia un pequeño exilio,
como corren los astros en pos del perihelio.

Las tazas dan al traste, el sol de la cocina
se apaga entre las brasas mojadas en la harina
que desbordó la copa,
la caldera de hierro.

La constante de Planck

El manicomio rojo levanta su frontera
en un trozo de hierro..., desestima la Idea.
Con un poco de polvo el trazo de Paideia
deja una nota escrita: *la camisa de fuerza.*

En paquetes discretos, así transcurre el mundo,
en horas como barcos cargados de esqueletos.
El mundo embalsamado en paquetes discretos.
Después del manicomio viene lo más profundo.

El límite se aleja de sus ojos menudos.
La campana se mece, cesura del ahora.
Una fórmula clara discute con su sombra
de espaldas a la puerta de la pintada aurora.

Antes, después, mañana –se despide de ello.
Va directo a las horas, las desdice de plano.
Traza cósmicos círculos de extrañísimos lados.
Ya, necesariamente, lo fútil es lo bello.

La camisa de fuerza, espejo almidonado,
con la campana al cuello se lanza a lo mirado.
En la aurora pintada hay un pájaro rojo
y en el techo una Idea sobre un plano inclinado.

Los gatos de Schrödinger

¡Oh gato arrinconado, reflejado en un pomo
de cianuro estocástico, espejismos del lomo!

Rodeas la maceta (*equis, ye, gamma, zeta…*)
demarcado en diez franjas de posibilidades,

abres negras compuertas, metes –¡ya ves!– la jeta
para mirar si has muerto: no has muerto,

recorres la caleta y las calles de un puerto,
registras las gavetas de un doctor inclinado

sobre el lomo de tela de una vieja libreta
cubierta de grabados, de sombras y de letras,

husmeas tinta china, palpas el pomo plano
con tu pata de felpa: se derrama lo llano,

caes por tubos de ensayo: regresas a la calle
por la pipa de opio del cianuro dudado,

alguien dice: «¡Qué gato, qué gato descarado!»,
tú te limpias la cara, que rueda hacia el pasado.

El negro abismo salta para caer parado
en tus patas traseras: cual dos sacrificados

–un cero a la derecha y un ocho de costado–
bailan juntos un valse de gatos sentenciados.

John Horgan cargando a Stephen Hawking

Del arco a la glorieta habría treinta pasos.
La enfermera me dijo que lo llevara en brazos:
lo llevé entre mis brazos, afirmación sencilla
por neuromitológica. La senda amarilla
del otoño en Uppsala nos devolvió a Sevilla.

Pesaba mucho menos –comprobé anonadado–
que la Nada, que el cuenco de las hojas caídas;
que un jabón de Castilla envuelto en hojas pálidas
de diarios irlandeses. Incluso mucho menos
que un *Die Naturwissenschaften* viejo. La barbilla

reposaba en un nudo de corbatas y pelo.
La ráfaga de viento –ronroneaba la silla
eléctrica a lo lejos y parpadeaban cifras
de una ecuación hebraica– descongelaba el hielo.

Volvió los ojos blancos a lo alto del cielo.
La pantalla y el cuello marcados con un sello.
Abrió la boca amarga y me escupió la manga
y se mordió la lengua. Descorrimos el velo.

Atravesando el vado con el muñeco amado
como gris San Cristóbal en cósmica capilla
llegamos a la fuente del hueco perforado
en la tela del tiempo. Llegamos a la silla.

La enfermera me dijo: su risa es el regalo
de un demiurgo baldado, de un dios de pacotilla.
Tomamos Coca-Cola y comimos tortilla
mientras el firmamento lloraba, descifrado.

El ford desaparece

El ford desaparece

El *ford* desaparece en la cuesta nevada
Y la estrecha culata viaja
En sueños hacia la quijada
De un mártir que estrecha su hebilla
A la cintura helada
Coquetea con las armas
De la Policía Nacional estacionada
En las rejas, exequias de las cloacas
Por donde descenderemos a la ciudad
Cerrada, las cornisas cercadas
De merengue pintado y grageas
Dulces las bodas de la culpa
Con la escala de valores
Trepadores del cielo y de la tierra
Inventaron una afrenta para probar
Los sesos con cucharas de plata
Sobre platillos huecos decorados
Con ramas de flamboyanes secos
El dactílico efecto cuando mete
La pata en el hueco del velo
Rojas como manzanas las sienes
De todos los muñecos abandonados
Sobre la cama a la hora del te
A la hora cubana, a las tres,
Cuando matamos a Juana.

Relicario

Elisa descorre el pálido muaré del cortinaje
broca rumberos en canutillos áureos
el ojo del amo contempla el lomo del caballo
sin que los cascos lleguen a completar un hipódromo
la vida burguesa es fecunda en bocadillos
cabalgando aupados de muñequitos capitalistas
las canastas embridan variedades veterotestamentarias
sin palanca la noche correrá sola y desbocada
el agua hirviente que desborda el caldero
sirve de motor a la historia de los escombros dispuestos
frente al ayuntamiento y los diez animales
pacen a la lumbre que cae sobre la grasa
desde el reflector gigante que colma el Capitolio
esas cabras pacientes huirán destronadas
anegadas de pólvora y polvorones dulces
dispuestos en botellas sobre el mostrador transparente
atrapada una mosca recorre alunizada
el mazapán redondeado de quebrantadas llanuras
perceptibles al ojo que trasiega en historias
de panqueques, semitas, triángulos, quemaduras
por el foco perenne que calienta la caja
donde duermen pechugas, croquetas, empanadillas
y una gota de sangre de Fulgencio Batista.

Patria ahumada

Cuba, tu culpa encona tres específicos dilemas:
la ruta, el faro, el signo del poema
que escogerá tu ufano intervenir
en lo peor del tiempo por venir
sin encontrar cadenas que encadenen
o anudar una bola a tu tobillo
yo seré para ti Pepito Grillo
los grilletes de gris envergadura
destacan la madura
impunidad del dáctilo sencillo.

Cuba, eres mi encuentro en el pasillo
de la Universidad de la Vida y del mal Arte.
Enciendo un cigarrillo...
¡y con la boca ahumada vuelvo a nombrarte!

Las invariables barbas

Las invariables barbas
que asoman sus puntas en los arcos
redundarán en salvas
dirán que «eres lo más grande»
hundido con los enormes barcos
que atraviesan exclusas temporales
y las fosas nasales
por donde el vello asoma
rozando con tentáculos de aroma
la fría iteridad de la goma
fundida en pies banales
en crisis de adornitos invernales.

¡He aquí la sombra,
la sombra de la barba en los pezones
y las mismas razones
para ahogar sus pedúnculos en lágrimas!

Narciso

En la boca virada por los años
en la torva mirada del Alzheimer
en el casco o pezuña desgastada
en el mono de Adidas y en la sangre
en la mano, en la uña y en el ganglio
en el diente postizo y en la barba
en el gris verde olivo de la plancha
en la mancha de viejo y en el cáncer
en el paso inseguro y en el saco
lleno de polvo y mierda enamorada
en el pelo canoso y en la franja
en la risa, en la grieta y en la zanja
en el culo, en el colon y en la próstata
bocabajo, de frente y de espaldas
pronunciando un discurso de apóstata
la soberbia chochera iconoclasta
en la pata del diablo y en la casta
en el ceño, en el casco y en la tranca
en la cerviz de atleta que remanga
en el rayo de artista que descarga
su fogón itifálico en la Patria
de los tres trozos clásicos de caña
en el yayay, la yaya y en la ñáñara
de este muerto que en vida te acompaña
mírate Cuba y húndete en sus aguas.

Leyenda negra

Las cabezas ruedan por las escalinatas
Son de barro y de ónix y de carne y de hueso
Un caballo costó más de quinientos pesos
Son raros, muy preciados, caballos habaneros
Mitológicamente irrumpen en las playas
El caballo, ¡qué nombre tan señero, severo!
Un venado que asusta con cara de caballo
De una fisionomía mucho más robusta
En los ojos del bambi asesinado
Cuadrúpedo cruzado con carne de soldado
Indígenas traducen las palabras de Cristo
Que en lengua de quetzales es bramido del clero
Caballo picasiano de lo español siniestro
Ciego en la oscuridad mejicana del templo
Mientras la espada rota empuña su foco eléctrico
Hacia los genitales del blasfemado séquito.

Oda a Meyer Lansky

Meyer Lansky, campeón que construiste
un *Riviera* en la costa americana
a la vista del *Focsa*, de La Habana
emperador en fichas de la noche
hecha de simple mugre de boleros
asistente de Dios en los asuntos
más turbios, en los negros vertederos
por donde cae la sangre destinada
al mosaico de ángeles obreros
y la fuente de ninfas inconscientes
del destino cruel que le esperaba
a la republiquita de la conga
la escultora llamada Rita Longa
tú elevador, tú látigo automático
brilla en el sol la barba del portero
encontraron la muerte en el sombrero
háblame Lansky de Yeru'shalaim
o abriguemos con zorros la esperanza
de que vuelvan el naipe y la ruleta
a decidir el sino de la Patria.

Oda a Armando Pérez-Roura

Reculaste a la vida en las trincheras
camuflado de versos escogidos,
combinadas agrícolas tronaron
en los ganglios a golpes de membrete.

Nunca el cabo rosado de las cañas
recabara los votos ciudadanos
en boletas de hojas de periódicos
y micrófonos de hijos perforados.

Walter vino a sembrar una cizaña
donde abundan noticias zodiacales
si las cartas natales de los gallos
anunciaron dichosos la canalla.

No es de Júpiter ralo, ni de Venus,
la hora triste en que descenderemos
a la Plaza copada y a la ergástula
en la campánula de Lévi-Strauss.

¡Viva el cieno! La gloria desespera
a las puertas de un Hades confiscado.
Nuestras madres parieron circulares.
¡La letrina precoz, la mojonera!

Donde hundido hasta el cuello el héroe yace
recibiendo del cielo los conceptos.

El patriota suspira, y los sabuesos
comerán de su mano genitales.

¡Oh la Patria vulgar, la mala pata!
La que siembra boniatos en la acera.
La que triste almorzó en *La Lechonera*.
Su figura es de lata de conserva.

Esa diosa menor, muda Minerva,
tras sus ojos de ónix carcelario
con mi verbo de búcaro incendiario
¡coseremos de guinga una bandera!

Minerva le revela al arquitecto Rafael Fornés el antiguo sistema de aspiradoras del Capitolio

Eran mil y una noches de su viaje a La Habana,
el regreso en bateas y en blancas palanganas
de cruceros que arrían la bandera cubana
para izar la de *yankees* curiosos y distintos
que estudian sobre el campo antiguas dictaduras
como una especie rara, un capricho o un signo.
Se internó en el Salón de los Pasos Perdidos
buscando resplandores de diamantes robados:
una negra empleada de dientes amarillos
le muestra las salidas de bronce troquelado
con el nombre y la fecha del reino de Machado.
Le dijo: «Aquí escondido, en la entraña del monstruo,
hay un miasma de tubos y falsas plomerías
que conduce al sanctasanctórum de la mugre,
al lugar donde todos en uno convergían».
Esa noche –trocado, oculto entre las sombras–
espera por los muertos que pasan *vacuum cleaner*:
difuntos senadores enroscan las mangueras
a los negros tragantes de la senaduría
y arrastran las cabezas de las aspiradoras
por las losas de mármol, ya polvo de República.
En sus fraques crujientes hay un brillo de tumbas.
Los botones caídos van a dar a la escoba.
El cepillo de cerdas de las aspiraciones
tiende una trampa sucia al polvo enamorado.
Con plumeros de aves de extintos paraísos

sacuden escabeles de regias esculturas
de diosas que bajaron de secretos Olimpos
para ser empleadas de la Isla de Cuba.

Chícharos

a Esthermaría

Dos huevos manchados de chícharos
recientemente extirpados de la caldera
ofrecen crema de óvulo
al brillo mate de los cacharros.
Sobre el fondo plano el blanco de la
cáscara restalla de verde
como una cúpula oxidada
a la que la hervidura de la edad
pusiera a prueba. Trajinas
entre esos conceptos sabiendo
que quien te mira
conoce al dedillo el séquito
de tus dedos.
Varios tomates y cebollas blanqueados
y sancochados languidecen en el
líquido como montículos de felpa
(de un abrigo, en el fondo de un bolsillo)
arrojados al caldo para que tú pases
pongas el pie
en el chícharo ardiente, beses
la cuchara con el último regusto
y encuentres a tu sombra siguiéndote
entre el comino y el camino.

Stella Maris

Abrevadero del sol es la saleta
cuando abres la ventana y cae
en el tejido comercial
de esa alfombra indiferente al *vacuum
cleaner*, que guarda las pisadas,
polvo traído de la calle en la estela
de un astro que entra de incógnito en nuestra casa.
¿Qué más queremos? El sueño
de una vida mejor se concretó
a base de silencios, aceptaciones
y reconocimientos que la gente
podrá o no notar, por ejemplo,
en la manera en que nos miramos.
Todo un triunfo es la cadencia con que
guías la vista para avisarme.
Lo he dicho primero: en el principio
un astro cayó por la ventana desde
un mar modesto con una sola vela.
Y tú apareciste entonces sobre la espuma,
astro frío en la caverna de los hechos y de la noche.
Pozo de valor, Agua de abajo,
Stella Maris para un Palinuro
que encontró vida aún entre las perlas.

Mata de sombra

Esa mata de sombra en la sala
continúa muriendo para poder vivir,
vuelta hojas, es decir, vuelta abajo,
se deshace de su ser perecedero
se desnuda, es palo seco, es
rama delgada, histérica, desértica
apuntando con el dedo hacia las cosas
que vagan inanimadas, hacia
la animación del condumio entre amigos
con café y té abundantes, el líquido
que ella necesita en su tiesto
y que olvida el señor de la casa
ocupado en entretener a comensales,
asiduos y poetas, mientras la mata
cae como un héroe en la alfombra.

Los árboles se mudaron a las grandes ciudades

Los árboles se mudaron a las grandes ciudades,
sus frondas abandonaron el bosque.

Para encontrar la sombra hay que andarse a los parques.
El tiempo necesario, las ramificaciones
de ramales urbanos como hojas nerviosas.

Al amparo de la caridad pública,
bajo el protectorado de alcaldías,
un bosque se muda a los barrios cercados.

Instalado en suburbia, deja atrás una turba
de congéneres. Un bosque que se mueve
y respira los gases automovilísticos
o antediluvianos.

Los árboles se mudan a las grandes ciudades.
Sus grandes ojos verdes son como Polifemos
de polifamiliares. Los grandes, tristes, mansos
gigantes fumigados,

refugiados del inminente disparate.

Dibujo de flores

Por mucho que le pases por arriba
nunca podrás conseguir
el corte latitudinal
el desarreglo del pétalo caído
del pedúnculo yerto
la sensación de estrujamiento
el amarillo cianuro que suplanta lo vivo
y que es tan serio como lo vivo, hasta
el punto de ser también a su manera
lo vivo, el irremediable decaer del tiesto,
las venas de la floración
que como las venas de la sumisión
en las sienes, es el vínculo que las flores
parecen buscar al morir
cuando piden a gritos ser dibujadas
sobre el papel que arriesga su reverso.

Mañana con fauces de perra

Hay polen de unos lirios
sobre la mesa de comer,
naranjas y un pozuelo de
limones. Y hay una puerta abierta
por donde entra una mosca.

Mi mujer duerme en el cuarto
contiguo, y sobre la mesilla
hay un silencio sepulcral de hojas
secas dentro de un vaso.

Torcidos pétalos y negros pistilos
a punto de caer
en lo que para el lirio
debe ser el infierno: la mesa
de mi casa.

La perra cae sobre el insecto y lo engulle,
o más bien, silencia el zumbido
y retorna a su siesta.
Y los tallos a su opaco desencuentro
con el agua siniestra.

El fondaje da muestras
de terminar sus días.

Estas aguas que apestan
y que ayer dieron vida.

La mosca es un recuerdo del arco
que circunda la mañana que entra
por las fauces de perra.

Jardines de la Villa Getty

para Esthermaría

Por qué escribo las cosas, me preguntas
Tras la página y los pájaros que lleno
En la letrica gótica trenzada
Que trepa por el griego pasamanos
Del super-semicírculo de tejas
Un recuerdo destupe las goteras
Se entretiene en un rizo tu mirada
Y en la marca del pie de los que pasan
El cartel de productos rebajados
De semillas y tiestos, de bebida
Se calientan las gomas, y es por eso
Que no quedan matices en el siena
Metileno bruñido en las botellas
De absurda Pepsicola congelada
Su curva más precisa que en el ánfora
«Me sale caro el metro en verdolagas…»
Comento al inquilino de las aguas
Pacífico el heleno millonario
Que construyó castillos en las lomas
Baja de nalgas por el Ramayana
Ha trocado volutas en cadenas
Y en el plinto del urinal tallado
Se enreda entre tus pies una manguera.

Poema

Empezamos, te doy un nombre,
una gran oleada de afirmaciones me visita
estoy seguro ahora de muchas cosas.
Las digo: escribo un verso, dos,
imágenes, como las de los grandes,
vacías y altas, como torres y pozos.
Un viento de relaciones levanta un remolino,
el huracán de mi cabeza, negros
espejos y nubes, escaleras…
De una se parte el peldaño, tropiezo
y caigo. Huyen las ideas.
Me quedo sentado en el piso.
Miro, y sólo veo una mano agarrándome,
un transeúnte que llora mi descenso.
No tengo nada más que decir.
El momento pasa, nada.
Lo mismo vuelve a entronizarse, cojeo
como un conejo cogido en la trampa.

Velorio

Después de escrito el poema
viene la preparación del muerto.
Lavarle los pies, la gramática
de sus pelos y señales,
las uñas cortadas que continúan
(creciendo a pesar de que…)
la voz que cesó de producir sonidos,
cepillarle el traje negro,
meterlo en la caja,
rodarlo ponchado por las salas vacías
hasta el lugar del velorio.

Los ojos de los libros lloran
sobre el cuerpo presente. Las manos
enjugan lágrimas de emoción
por un alma perdida (en cuatro
velas).

Siguen juntando ayes,
pasando por delante del difunto
al que apenas se le ve la cara.

Plañideras de un sentimiento extinto
demasiado pronto: «Murió currando
por las consignas de su época».

Sobresalto

Como cuando desciendes
en carro pasajero por un montículo
y te abocas al precipicio
y a la roca que rueda
y que se aproxima velozmente
por el cañón de una caverna
en lo remoto de un país exótico
en un templo situado en las entrañas
del mundo, y recibes un susto,
así quiero que entiendas este libro,
que viajes por sus pasadizos
como en un carro loco desbocado
pero cuyo peligro ha sido calculado:
los raíles conducen al punto de partida,
a la vida evocada y al pasado,
aunque nada de eso sea otra vez lo mismo.

Tin-foiled Sighs

Don't let the words get in

Don't let the words get in the middle
or they will impose a reign of Terror.
They are the cause, the effect, the feral,
the sum total of every fear.

Because their troops of fallen angels
can see the future before it happens
no one can fold a single wing
without them knowing of the flapping.

Beware the sudden blow of error!
A slash, a serif, becomes bent sinister.
Their tom-tom, blood; their toc-toc, sperm.
Don't let them live: they'll live and learn!

O you, the poet of Alhambra,
tempted to sell some niggling strophe:
they'll mark your head, they'll strip you bare.
You'll never know what hit you square!

Knowing the music of their functioning
won't make you clever in the Science
of the interruptions of the Silence.
Ventriloquist swallowing mountains!

Dictionary

All we need is a feeble disaster
to become a silhouette on the screen.
Interchanging distortions of classes.
An important announcement, a myth.

Every poet invents his own forceps
under candles of flickering same.
Who's abridged in cold chloroform?
Every book is just wuthering filth.

If I yanked every teeth out of Nothing
would it talk in the language of Greece?
One more time in the *modus tollens*:
the return of a bantering Zeno,

chrysanthemums, cannabis and genus.
What became of the birdless Avernus
in our age indigested with kill?
My reflection in Dog's finger bowl.

Dream

I woke up in the last morning of the world
feeling myself and the world
–pinching the Word–
reciting a prayer over the fire cold,
spiting in the flaccid lake.

Great circles greeted me ashore,
following the steps of some unannounced
visitor. On the waters,
the rippling of his voice
like the ebbing of his robe
barely traced with dust of lucid soles.

Death is my only reality
–I said to myself–
avoiding screen tests,
and falsehoods and, yes,
the unavoidable.

Burning giraffes became symbols
of the death of unimaginative powers.

Towers in flames were reminders
of the fallacies that someone had left
behind like a carcass.

But nothing had fallen before
–retrospectives or films or stelae of death

a succession of balancing acts.
Nothing had ever sunk
to the level of gas.

So I turned and I tossed,
and I tossed and I turned
trying to close my eyes.
(They got shut from outside.)

An old rat jumps

An old rat jumps from the tower,
a rat falls squealing on my lap.
I hold her paws between my fingers
and make them cha-cha with a clap.

I bring her face close up to my face
and look deep, deeper into her eyes:
she's seen the visions of the hour,
I've seen the fire in the clay.

Behold the kingdoms rotting inside out
showing their guts of classic marble
and the forebodings of the square!
A head of marble with eyes of rays!

An old rat jumps from the Tower of Towers,
she leaves behind a classic world
where every thing was superclever
and sucked, and scenic, distempered and sour!

Travelogue

Not *salsa*, folk or jazz —the white noise
of mad dogs barking at waning moons
marked our grand descent
into the bowl of dust.

Treading with muffled steps,
tiptoeing on the scales
of an upturned Justitia,
blindfolded, daliesque.

Backs against crumbled Congresses,
stealthily!
feeling the walls with buttocks,
stumbling in the rubble
we reached the innermost
chambers (tardy voices
decrying a *faux pas*) where
mad dogs made their marbled lairs.

Jill and Jack talked in
the Emergency Rooms.
A stunt President
knelt before a god made of shells.
Incense and cowdung burning.

The impacts on the crucifix started bleeding.

We ate from the rubbish left at the altar

We ate from the rubbish left at the altar
(a rotten fish with eyes of glass;
a goat crucified, nailed to a canvas)
and fed from the spoils of modern Art.

Gathered 'round a plastic totem
read from a broken book of hymns:
maxims for living in times of trouble
and how to keep healthy staying ill.

A shank of the Lamb became a weapon
reddened with Technicolor ink.
We plugged greenish arteries up our livid nostrils
facing the morning's silkscreen.

Chants of deodorant and bottled waters
joined in the jingle of the church.
The spirit descended on the garbage
and planed on the surface of the Self.

Talking To Ourselves

I

We're all homeless.
In our ambiguous way, homesick too.
Some time has passed since
we walked these streets first
along Saint Lazar in the mock
concrete shrine, sidewalk tagged
with the marks of youth.

We grew old here, darling:
in front of the blurry mirror
–our partner in crime–
you point to the obvious drags
of being a man.

Way before we learned to speak
–conversing with black whores–
before we could deny or admit
our own guilt with some disdainful slur
we strode these avenues
talking to ourselves.

2

Haven't seen you in years!
Somewhere under the bridges
or hidden in the Projects
–dark flesh against drywall–
you lead your simple life
of sex, drugs and brawls
survival of the unfittest, jungle
away from home.

I went into your garden looking
for you; in the heavy maze
of Pentecostal churches, railroad tracks,
billiards, Laundromats, Bar-B-Que pits,
apartments or crack shacks.
Looking for your heavy handed
costume –a hustler's, or a pimp's
or Eleguá's.

3

Nitza and Peanut. One from Atlanta and
one from Overtown: both left
a memorable impression
a memory of decline.

They came in late at night, smuggled in
the motel through fire escape stairs
and clambered on my bed.

No questions asked!

A simpleton from Georgia
far cry from Overtown
home and all gone through
the wind of cracked pipes.

One
who owns nothing
acts as if he possessed
the world. And then again
your wives took possession
of my Art.

4

Cigarette burns, copperwire, scrubbing pads,
pushers, broken hangers and glass pipes
cover the pressed-wood Renaissance tabletop.

I painted on newsprint
the record of our times
and hung it on the wall.

A man of many-despised charms
brilliant with *Baby Oil*
in the dungheap you shine
unctuous and ripe
like polished jet or gold.

Nitza loved my portraits
of streetlife. Peanut
digged a rendering —on green velvet,
the mutilated skin of my old sofa's back—
of herself as a young whore
naked among the thorns
thumb-tacked to a wall.

5

An alleyway near *Kmart*
our home away from home
you and me hotel Colón both
P. and Nitza.

Push-cart
full of refuse: swift home
away for some salvation-army-
bedroom-outhouse-and-pleasure-dome
all in one.

All in all…

6

In case the cops bust in looking for trouble
we hide our neutral pipes on glassy surface,
the burned-out eyes behind tin-foiled sighs
a stupid grin uncovers guilty conscience.

No matter how long we'd go tonight
anything less than death is not acceptable.
I blow a whistle, call a muted circle,
all by myself bring about disaster.

The Lord is near, just above the rooftops
but you are nearer trying to find an Exit.
The door comes down with a filthy thud
and King Fear, despised and clever enters.

Under the arches of the Supermall
our cardboard hut: bestial and eclectic
we are a scattered, psychedelic bunch
or maybe we're just made differently.

The music is playing in our instruments:
etched in fire, hands, lips, flesh.
I wish I could describe a hole filled with pains
and still finish my song with what remains.

Just an idea what's left of all the sorrow,
a play on words for unsuspecting lips.
Memory, cross-bearer of the universe,
you know what is to come, what is to follow,

you know what is to come after tomorrow:
a wrecked apartment, morning sun a mess
to eyes grown unimportant in the darkness,
for those who never knew will never guess.

Bacon's Dump

O, lightbulb hanged!
Thou knowest my room!
I love imitations.

The Disco of Christ
scratched on both sides:
Sun-god, Salve, Hail!

Lightbulb, you are high!
Oh, look what you've made me!
You terrible pal!

(I got limitations.
Let's say that my flesh
is not very strong.)

Avoid Illustration!
His lordship Velazquez,
the crafter of popes.

Bible Disco Belt

A little Disco, a little glitter
on the brow: sunny nights, the arcs
of glitz. And gardens hanging by the balls.

Smoke is passed under the table.
Your cold hand pull
a cryptic Bible writ in velcro.

O how thinly and purely
a boy undresses!
Gargoyle fluorescent!

Thrills less than deadly sins!
O Jesus, love! O Killer, kill!
Don't leave your flock behind
going through Discoland!

Death was so far, so feared away
beyond some cosmic brouhaha.
Cartloads of graves pushed by the clowns
and cardboard hit-parades.

In darkrooms trampled by a flash
the strobe-lights came and went.
We saw the faces of the past
turn murderous and plain.

Two guys are fucking in the baths
their fists are clenched into each other's ass.
One screams: *Bejesus, Let it Be!*
The other: *Sáquenme de aquí!*

New Testament Boulevard

Boulevard of broken hymns…
windshield broken, unbroken lines
of temples, of Walgreen's
new and olden: a new order
reappears, each and every
Time it yields.

At the same time every year,
like a sundial, like a flower
what's in front of us draws nearer.

Boulevard of broken promises,
we count every fucking year,
like fools, expecting nothing,
but you always reappear.

From your birth in modest quarters
to your end in Super Bowl
we've traveled the whole nine yards
through a haze of alcohol.

O Towers! I know your secret
set in concrete: here before I have
been. In them broken boulevards
when, unveiled of cellophane,
show their newest Testament!

2

My song of avenues unsung
rounds potholes with a clash.
Our fast automobile goes past
sunk towers, turgid Malls
and pretty stores, and blasts
that ghost of alcohol.

Dead bodies in the living flesh
our car carries us all
into the end of days
through glass and fleeting poles.

How many fancy tunes we threw
before the feet of gods
whose musical finesse
flattened our gift for song?

3

In the outskirts of Rome
I once was a traitor
of tragic, cold voice
forsaking my tongue

though I never found favor
with the gladiator—
my R's never rolled
like heads or like errors.

4

Perfect and immortal in its
Republican platitudes the Palace
houses tyrannical clay at modern speed:
nowhere was to be seen again
such rectitude, for the dark decades
that followed lacked in splendor
and dignity.

The Capitol and the movie house,
the promenade leading sea lions
cast in fallen bronze from foamy
shore into the fortress with its
lighthouse in picturesque muck.

Reflected on shinny countertops
all the opulence of selfware fucked
with our torn minds: Plexiglas doors
opened to pre-Revolution decor.

Values and terrors fret in the foils
asking each other the eternal questions
in corny songs played over
and over, forevermore!

This (ours, mine) dour Fatherland
buried under it's own grandeur!

Dust (only dust) remains of the Past,
but enamored dust, at last!

A Supermarket in Overtown

Now, here I am
sorting out garbage cans
in the city that never sleeps.

Some times you find
a nice artichoke's heart at the bottom
of the barrel, unspoiled and clean.
We'll make a hot soup with your heart,
artichoke green!

Behind the supermarket's truck bay
where the iron curtains
–like so many eyes– roll
letting the lights
of the Roman interiors flood
the parking lot, we exchange our findings
with joy, and smoke cigarette butts
dampened in tomato sauce.

(In cottonmouth language
I talk to the raggedy crowd
of visions, of towns
in the Island
unknown to them. Mouth
without memories,
at a loss for *palabras*.
Palatial, and stuck in my
palate, my songs.)

Oh, here I am, sort of zonked out
–and you Reinaldo Arenas, what were
you doing in Overtown
at night, eyeing every dark
delicacy and arguing
with the reefer boy?
Oh, you mad poet,
the crack harpies are out tonight,
the pipe's still hot in my hands,
I'm already a goner!

What America did we have
when Ferré was Mayor
and the grounds of Bayside
were just a dove park
for lovemaking?

Talking Head

for Gisela Baranda, sphinx for a day

I

What is a robot doing in the Mall
in a glass cage –his skin transparent and clear
as plastic. And yet, and yet so real:
Anselmus speaking, answering my call.

A hypercube now houses the Solution
to every question, Theory of All,
his very sentence clumsily foretold
my lack of faith and also my delusion.

He moves about in crabby Mambo, hero
of yesterday's symbols turned Tomorrow:
absconded with this lesser toy my sorrow
becomes a cipher, then becomes a zero.

How dare you hide your secrets, talking head:
you must reveal the Wisdom of the dead!

2

Anselmus spoke: My friend, you are quite dead,
for all I care you aren't even real.
You need a shower, guy, you need meal.
Go find a woman, or a god instead!

You've been thrice through this fine ordeal.
You'll find yourself in anybody's bed.
Desire is golden, but your mind is lead.
Rip off your cloth of flesh, the seventh seal!

For every answer brings a fallen tear,
and every word declines in every question.
It's five o'clock, I'm craving for digestion
of all the little souls that caught my ear!

I'm utterly mechanic, what'd you expect?
Come, come now and show me some respect!

3

Everything's happening at the same Time
but all I got to lose is just a dime
on a Machine, transported to remote
futures where I shall no longer vote
for flesh or clay, right here or over there,
for everything takes place in a nightmare.

Immerse in abundance of space
like clammy, undifferentiated soup
coming from every corner, a single coup
disintegrates my faith at every turn:
my shadow rests assured, ready to burn
in the blue sky and leaves without a trace.

I promise ten dimensions, come with me!
A well hung universe for a fee!

If Life Is Not A Dream

for E.M.

I

Like perfect swimmers on a plastic shore
—who else partook of our love in vain?—.
We missed the boat, but we licked the brain
'til it got lips and in the tongue a sore.

We fucked in starcases, in the train
—derailed forever and forevermore.
Was love in vain? And if it was, what for?
You left me peeping at the flying plane.

Nothing to brag about, nothing to lose,
just scenery in lieu of great devotion:
the aftermath of pageantry and booze.

I still could draw the arc of your contortion
or hear the incantations of the blues:
but what could bring me back your suntan lotion?

2

I, the poet, the bard –you name it– I,
the golden boy, infamous, in obscurity,
scraping off some plain social security,
some patriotism or such other lie,

wanted to taste the fingerings of purity,
bring to my mouth a laughter and a cry
(swallow my eye the apple of your eye)
before the golden age reached its maturity.

I swear to god, I mumble, I protest:
to blunt a verse is such a thankless task.
I sung your favorite songs at your request,

and, what you had to say? Only to ask
from me to raise above, beyond the rest
wearing my fear of fear behind the mask.

3

It was that time when Jupiter and Venus
were holding hands by the inverted Moon:
your horoscope declared you bitch and famous
and gave us fifteen minutes pretty soon.

You called me «my Don Juan», I called you «duenna»
and fed you sin's iced dream on silverspoon.
You dyed my dong with ovaries and henna:
we danced together to a timeless tune.

Not all the stars in heavens are propitious,
not everyday a star is to be born:
sometimes the married planets are fictitious

characters in a play plotted with scorn
by some Latino lover, dark and vicious,
who dabs at writing fiction with a thorn.

4

If life were not a dream, every departure
is: inverted dawn of cruel duration,
the gates of every airport revelation
of things to come before the coming Rapture.

It's also like some kind of mutilation
–for Love, the fair, sometimes resembles torture–
the Lover hewn out of flesh, a sculpture
left to its own device, a separation.

Was I awake when you, in clever outfit,
outwitted me at never-ending dominoes?
Or was it just the ravings of a maniac?

It's all about declaring loss or profit,
the simple and the taxing and the ominous.
I'm dreaming of becoming an insomniac.

The Afternoon of Gianni Versace

I

The times were simply red and glowing
with white hot aspirations, insurrections.
You bought the pink hotel on the Riviera.
O, what disgraceful sight, the beach!
Palmeras in the comic-strip afternoon.
O faun, your body disinterred and shipped
from Capri to the Miamian shore.
Who invented drapes to cover pianos?
What flag shall cover the coffin or
the sepulcher-like refrigerator?

Immense, picassoesque, the supermodels
strolled Arcadian sands barefooted, prude.
Old gentry, suave madonnas, cover-
girls and insatiable machos.
Was the sun wanting in this diurnal cave
where you had painted with archaic strokes
extreme symbols of permissive Fall?
Or was all Nature just a fashion show?
Undefeated fascist steed forever beautiful
and tanning mares reclining by your pool.
Copper and silver in ashtrays and cockrings.
Bathtubs scribbled with intestine's ink.

A fist, young Sardanapalus,

ever the Cynic on the rope of doom,
invaded your interiors, decorated
with mortal anguish and some guilty haste.

Those were the Times!
One hundred mirrors, like so many sages,
reflected on the fucking afternoon:
they found, of course, devoid of any intelligence
the cycling and recycling of the Ages.
How could they otherwise, how could they not?
There it was, for all to see,
camouflaged in woe and flowing silk.
The servants came and went, and Michelangelo
lent His holy presence. Honey and milk
flowed from the jewels. *Those were the Times!*
No time to spend in masquerades
where you wouldn't deign to show your face.
Only those brimming with angst!
Only those made for the orange crash!

2

Any promise you wish to tear from me,
you can now tear from me. You can
make me surrender my Empire at your feet!
You, body chiseled in coral,
draped in angora, more of a demi-god
than human sore to the eyes! Unblemished
by profundities, all superficial mirror
of my desire! You come from the underside
of deep fetish dreams. O man! O superman!
To conquer the world you need me!
To dress you for the stage, reversal
of the pure and simple life. No more
walks in the dark! I forbid the driving
of stolen cars! Only luxury becomes a man
guilty of the most hideous crimes!
Let's play with daggers and revolvers,
revolted at the sight of sleazy palaces
that wouldn't fit your arms.
Let me dress you in palm shadows,
in tight pants and see you naked
through the lattice of my hands!

3

The assassin walked the boardwalk with sashay.
Some Brutus! Some Charlotte Corday!
Kiss, kiss. Bang, bang! Was Paradise cinema?
Fifteen or 60 minutes show? Who knows?
Only you could
give an exact account of those amphibian moments
winding and rewinding in the flesh.
The lackeys went for ice to soothe the ayes
and some fag cried hysterically on the steps.
Like a Pompeian hut the Palace crumbled:
in the canopic jar your heart tumbled.
Who's playing salsa in the Latin Quarter?
Is the Kiddush meant for you?
The shinny temples are set ablaze for the last time
while your hand holds yesterday's paper.
These —too meticulous for a crime scene—
steps that lead nowhere from here
refuse to quench even your blood.
Inside the faggots come and go
comparing you with Michelangelo.

Che en Miami

[2012]

Guevara, sucio y sin un centavo, estaba
varado en Caracas.
Lo que hace es engancharse de un
avión que transporta caballos y que
va para Miami.

Luis Ortega, *¡Yo soy el Che!*

Personajes

El Che
La azafata
Jimmy Roca
Soldados de la Base de Homestead
Una empleada
Merodeadores

LOS CABALLOS

Plattero
Mazepa
Casquito
Jaque Mate

Locaciones

El avión DC10
El Parque de las Palomas
La biblioteca de Miami
El apartamento de la azafata
El hipódromo de Hialeah

I

En el Parque de las Palomas

Del sendero de arecas al condenado pino,
las ramas enredadas y el pájaro sin trino
agarrándose de las matas; Libro de Medicina
en un puño: signo del camino escogido.
Los rayos infiltrados descendieron en rayas,   5
en estampidas fulas sobre el saco de pana,
del llano venezolano a la Ciudad Mágica,
urbe paradisíaca que nació en el teatro
durante un huracán, cristalera persiana.

El tocororo fúnebre dio un graznido salvaje,   10
él sacó la pistola y meó entre las palmas,
se miró en el reflejo de las flores de agua.
El chorro rompió un espejo, siete años de mala
pata. Un conejo vino a lamerle la mano.
El doctor escuchaba la risa de los pájaros,   15
acuclillado entre helechos, excrementos y calas.
¡Parque de las Palomas, tú tuviste a Guevara
entre los bujarrones, los bustos y las tarjas!
Desde la Biblioteca a la calcárea estatua,
falta un busto al valiente que montó bicicleta,   20
sombra de Patagonia con Chatwin a la saga,
urinarios simétricos, lívidos anacoretas
que comían raíces y escupían pancartas.

Los parques están llenos de putas en sus cajas,
él no habría fusilado en un régimen de miedo   25
(¡gritan los rascacielos el nombre de Guevara!)
estudia Anatomía apoyado en la acacia,
las hojas como espejos refulgen, y las cañas
bravas tocan un ta-ta-tá de tableteos
huecos, esbeltas, tercas y un poco desgreñadas   30
de ver a las parejas cogerse de las nalgas,
fumadores de yerba, negros rastafaris,
hematoma en las piernas, la locura y el asma
afectan la comedia y la Historia emboscada.   35
En el pasillo oscuro, leche desparramada,
los lomos de los libros desvían la mirada.
Hay esta Biblioteca de mármol y granito,
con anaqueles altos, tratados y libritos.
La estatua de Colón es de coral y ratas.   40

Mis pasos en los tuyos, sobre tus pasos míos
recorro los asuntos, crímenes y bohíos.
Todos aquellos, éstos, y tú, el desconocido,
floresta melindrosa, el jardín de cochinos
junto al mar donde aboyan los paquetes de coca,   45
grandes pacas de yerba arrojadas de prisa,
lanchas de policía, secuestros y la luna
arrojada a las olas. Los tristes transatlánticos,
un hotel de cien pisos, las losas de los santos,
Boulevard de Biscayne, el lejano acueducto   50
donde embarcaste a casa escondido en el pienso.

Los caballos coceaban con rumbo a Hialeah,
hacia el hipódromo viejo bordado de flamencos.

Los costados sudados y las venas del cuello,
los dientes de caballo mastican marpacíficos.   55
¡Oh, tu alforja y tu diario que hablan de Miami,
recordemos que fuiste herido entre los nuestros,
que sacaste la verga para orinar espejos!
En el agua cayeron el semen guerrillero
y la brusca libreta de los acontecimientos.   60

II

Los reclutas de la Base de Homestead encuentran a Guevara sentado encima de un promontorio

Si éste era tu viaje a la semilla
redoblado o cruzado e inminente,
caminando de espaldas, la espinilla
en la espalda, y la lucha, ¡combatiente!

Si internado en la selva de las locas   65
buscabas el sosiego de la mente,
si buscaste el secreto de las bocas
ocultas en el bosque seduciente.

¿No escuchaste el quejido de la tórtola
o el rugido del pájaro que busca   70
tras el caqui arrugado de la burla
el mojón displicente de la perla?
Una canción de pájaro en el bosque
por si cae ese árbol derribado

sin hacer el menor ruido, ¡con que   75
ya conocías mi parque ocultado!

En la lejana Homestead, una base
suelta soldados verdes en la yerba.
Libres están, y disfrutan del pase
perdiéndose contentos en la selva.   80

Son soldados ruinosos y voraces
merodeando la antigua Biblioteca.
Tú regresas a un mundo de disfraces:
la Argentina brillante y patiseca.

Lecturas de soldado, no la rústica   85
vida artística. La bugarronería,
piedad contra Natura, ¡su música
te dará alcance antes que acabe el día!

III

A treinta mil pies de altura

En las alturas, a treinta mil pies del suelo,
galopan los corceles argentinos,   90
cerrados en cabinas, entre nubes,
de plata es el carruaje, y en las alas,
el combustible cambia de sentido.
Los caballos cabalgan en el azul mojado,
llevando la gran cruz a su destino: 95
la Cruz del Sur clavada en la montaña.

Serán de pronto mulos del abismo
corriendo por el cielo en cuatro patas,
atraviesan llorando cuarenta meridianos.
Faetón recostó la cabeza en el pienso,   100
y se vio en el anfiteatro de una lección
de Anatomía dictada a secas en un río de plata.
Tomó las riendas del avión comercial,
y el corredor del cielo abrió las puertas
y dejó entrar al gran cuerpo metafísico   105
mientras las yeguas santas relinchaban a la vida
y se reían del guerrillero adormilado,
un polizón del aire a quien faltaba el viento,
el Faetón asmático en la presurizada cabina.
El coche del destino giró, cambió de forma,   110
y los rubios jinetes venezolanos abrieron
una puerta secreta en el ombligo del mundo
por donde Faetón vislumbró el pasado mañana:
un Caballo de hierro en el mar del Caribe
y las yeguas rieron al verse retratadas,   115
cortejadas por el más brioso de los corceles,
amarradas al poste de una tal María Antonia.
En el sueño se vieron en el mar remojados,
con las bocas abiertas y los ojos pegados.

IV

Chacona de la cuadriga

JAQUE MATE:
¡Ya tú ves, Plattero, yo no lloro!   120

Si el polizonte requerirme quiere
con su adarga velocípeda de oro
en mi pozuelo de paño hipotético
y transfigurarme por la zoofilia
que provocan la soledad y el dolo   125
a la altura aeronáutica de la vida
acurrucados el uno contra el potro
abrasándonos en llamaradas equinas,
si sus crines resbalan por mis hombros
y su estrella me exige adoquines   130
donde cocear con manos y micrófonos
imitando el trote entre las malvas,
si decide montarme en la valva
dejaré que su aire se salga
y que en mí el médico se desplome.   135

PLATTERO:
Patafísico estoy, esqueleto
en el clóset vulgar de la vida:
el establo del asno conoce
el peluche brutal o concreto.

Cascabeles de cinc en la oreja,   140
el secreto mortal se desdice,
arbitrario timbal, una abeja.
¡Ganaré la carrera, se dice!

MAZEPA:
Hijo y nieto de corredores patrios,   145
avanzaré por las provincias conquistadas
a la zaga del dios de la plaga,
atravesando vistas pasajeras,

¡corred, como bolas por tronera!
Si un soldado me pone la mano   150
en el lomo cubierto de fango
un centauro nacerá del intercambio
en el curso de briosas trembladeras
prodigando favelas de ensayo
donde hubo palacios y acequias.   155

CASQUITO:
Sopla el fuego en mis orejeras videntes
porque un triunvirato deambulatorio
origine en la cúspide alambrada
de la negra desesperanza latinoamericana
los latigazos curiosos de un adjetivo   160
que desplume la lengua prestada
o simplifique la filosofía alemana
para explicársela a los carretoneros
que arrojan sus cuadrigas al barranco.

V

El tremendo espejismo

Hombre perdido en la ciudad perdida,   165
¿no ves acaso que te me pareces?
Somos los mismos, caprichos de la vida.
Tú en Miami: verás que te ensombreces.

Ese episodio en sombras que carece   170
de datos fidedignos, contemplado

desde el futuro, lúdico se mece
en el abismo de lo desdoblado.

Con veinticuatro años en las costillas   175
y una mente regada de cadáveres
—los pupitres, la mesa, la escudilla—
viajabas solo entre caballos árabes.

Pero el sino rompió tus pesquisas   180
y tuviste que estar en Miami
donde estar es motivo de risas:
el lugar de vulgares pirámides.

Caminás por la orilla del lago   185
construido en la esquirla del agua,
la ciudad preferida del mago,
del poeta y del brujo: Tatagua.

Por tus pasos perdidos transito,   190
en arqueólogos trances debato
si tú fuiste un capricho o un mito,
¿Mickey Mouse o de Shrödinger gato?

VI

Guevara lava platos en un restaurante de Miami

Un Cristo retirado a una esquina   195
con los brazos hasta el codo en el agua
medita sobre problemas de Medicina.

El compuesto y la espuma, la esperma y la grasa,
y una pócima mágica imagina entre las tazas.
Loza, jabonería, el vaivén que se empoza,   200
la mirada perdida en la grasa, lo bañado
hasta el codo; el lavaplatos sintetiza
la culpa y el hambre vieja del proletariado
y escucha del restaurante las conversaciones.
En su cuarto de desahogo, otro ataque de asma   205
anuncia los volcanes de un leninista hastío,
la dictadura ahogada en el excremento
en que nace, como nace ahogada toda
caricatura de la vida por carecer de sueños.
Necesita tomar un sorbo de agua sucia,   210
cerrar las manos en un cuenco, apurar
el agua cortada para probar el veneno
de los que sudan bajo el farol del cielo
por llevarse a la boca un mendrugo siniestro.
El borracho de agua sucia escupe en la cara de dios,   215
saca la lengua al fregadero niquelado y profundo,
con un trapo en el puño restriega el vertedero,
el aceite de cocina, el poder de la gastronomía política,
las ganas de comer y de beber en el ámbito claro
de los restaurantes que el capitalismo ha tomado   220
como sanctum sanctórum, esas despensas vacías
donde se reúne la mafia a decidir el curso
de una comida, el primer plato y las sobras,
sobre todo las sobras, de miseria el relente
de un abismo en los dientes mondados   225
contra la insatisfacción de la guerra,
contra los comilones, aprende a desajustarse
riñendo con las tripas en su mente,

sin permitirse un grumo o una imagen.
Escribe como come, frugalmente,   230
y duerme poco, sobre una vieja estera.

VII

La espuma reacciona

La espuma reaccionaria
se corta entre mis dedos,
burbujas; los remedos
de una ciudad larvaria.   235

Resiento la agonía
de una parada absurda
en el camino. Curda
de alcohol y alegoría.

Mi culpa se derrumba   240
comiendo poesía,
comiendo catibía:
la cabeza me zumba.

La espuma reaccionaria,   245
el mono en la lejía,
tibia monomanía,
la Nada tributaria.

Volveré sobre el yeso   300
de una estatua en su base,

a enjuagar lo que nace,
remojar el pescuezo.

Anotar lo que pienso: 305
llorar, llevar un diario
de este nuevo calvario.
Bailar, quemar incienso.

La espuma está en mis brazos,   310
moja mi cabellera
de la misma manera
que el ganso da un balazo.

La espuma traicionera,   315
pasatiempo o sustento
en el mismo momento
que mojo la caldera.

La caldera de hierro   320
donde el sueño se quema.
Vivir como un poema,
anticipar mi entierro.

VIII

Lectura de las manos en la espuma

… que sin embargo logran   325
estas manos cortadas,
nunca fueron violadas,

o va y se malogran.
Hijos del agua, frío,   330
arrugados mellizos
y sus dedos postizos,
las manos de lo mío.

Arrugadas al plato,
agarradas al borde,   335
dobladas, un acorde
de manos y un retrato

de las manos juntadas,
abiertos remolinos,
detergentes y vinos,   340
son un cuento de hadas.

Pero allí en la muñeca
donde corta lo líquido
por lo más metafísico
la mano es una mueca.   345

De las manos sacrílegas
que tocaban el piano
y tocaban en vano
en antiguas películas.

¡Mis manos son mis manos,   350
no las manos de nadie!
Son terrores de aire,
tocadores chiclanos.

Las manos leen la mano,

en la palma el destino,   355
un capricho del sino:
lo manco de lo humano.

El señor de la Peste
apesta a grasa rancia,
su discreta vagancia,   360
el olor de lo agreste

que se impregna en la ropa,
la comida rezuma
el hedor de la espuma
del jabón y la estopa.   365

Crucifixión del agua
en la churre: calvario.
El poluto salario,
traición del Aconcagua.

Sabor de hacer lo mismo,   370
esclavitud del hombre
a la sombra sin nombre:
laburar es abismo.

IX

Donde se considera el Gran Momento

Tiene que haber un momento   375
para concebir sin miedo.
Decirlo, salir al ruedo,

caer contra el pavimento.
El momento de momentos,				380
cuando entendemos la fea,
cuando tragamos la oblea
de chatarras y excrementos.

Un momento sin aliento
que cogeré por el cuello.				385
Ése, el momento más bello,
más que Tiempo es aspaviento.

Lo buscaré en bibliotecas,
en la carne del cadáver,
en el cráneo de Homo Faber,			390
en salones, discotecas,

en las páginas escritas
de los libros que los locos
anotan, en los finos mocos
que dejan en las mesitas;				395

en el hedor de la plebe,
en el fondo del vacío.
¡Momento, momento mío,
de entrañas negras de nieve!

Aprenderé a conocerme				400
cuando te vea desnudo
sobre la mesa, y un nudo
amarre tu cuerpo inerme.

Tú serás como un barril

sin fondo y un bajareque.   405
Perdonarás que yo peque,
viejo momento senil,

pues alcanzándote a ti,
la moral queda anulada,
la Verdad multiplicada   410
(y en el ojo del totí

lo negro de lo rotundo
bailoteará sin remedio).
Saber será todo tedio,
la maldición de este mundo.   415

X

*Hombre que mira
al lumínico de la Coppertone*

La lealtad es la pasajera con la cara pegada a la
ventanilla, que dice adiós con manos engarrotadas
a quienes la despiden con pañuelos de seda
para que no sufran el calambre mortal
de los que regresan por poco, por un segundo...   420
El palacio de la deshonestidad es blanco
con torres pintadas de azul y dorado.
Una sirena de yeso sentada en un vaso de oro
toma un *highball* agachada en un cestillo
con los senos carcomidos por el salitre penetrante   425
mientras corre el óxido por la cabilla estructural.

Sus rodillas labradas dan los pies al horizonte.
Un trampolín es Miami. Un canapé tejido
donde descansa la espalda dorada y floja la catástrofe,
sobre toallas comerciales con coronas peludas   430
y huellas en la arena de oro y sortijas perdidas
y árboles secos en la arena empapada y sola.
Carros, reflectores, el lumínico de una niña desnuda
con un perro de aguas que le muerde la trusa.
En el cielo de nalgas de la niña anunciada   435
el broncíneo reflejo del ojo onomatopéyico
y los hierros complejos han de sostener la escena
para que el can renuncie a la levedad viciada
contra la noche cálida y el bochorno mimético
singulares coartadas al que pasa de largo   440
arrastrando las piernas sin conocer el daño
que causa la incandescencia a los héroes ajenos
en el lugar secreto donde no lo han llamado
si su sola presencia es como la de un espía
enviado por las fuerzas enemigas desde un comando   445
para vigilar y castigar a los enanos mnemónicos
que un día olvidarán estas calles, estas vidrieras,
grabarán en su mente estos lumínicos
y escribirán con letras de fuego otro nocturno.

«Soy la niña miniaturizada que un perro sigue de cerca. 450
Miro atrás, lumínico de sal en la solera.
Relajo humano y remembranza gráfica de Varadero.
La niñita explicada de un tiempo de monedas
donde los perros ladran un Cave Canem ctónico
y la Constelación del Asno asoma entre las greñas   455
en una cascada azul de repúblicas pedigüeñas.
Soy la arena fina y el vil repositorio,

amputada, traviesa, esclerótica y bella.
Del perro comemierda y del bacalao a cuestas,
ese caimán camado que no nos representa: 460
hablo en sueco a los gnomos del boulevard burlesco».

XI

La importancia de llamarse Ernesto

Cupido en la botella,
cabezón cabizbajo.

El amor es al sino
lo que el cabello al espejo.   465

Dos y dos son ocho
si cuentas desde el doce.

Abusar del claxon,
escribirle baladas.

Un montón de cenizas   470
sazonan las burradas.

Soñar despiertos:
la única manera de hacernos
los muertos.

Mensaje en la botella: 475
mentira de las aguas.

Huevo de mastodonte
en la caja estropeada.

Arena, comicios,
periódicos, bocinas, cerillos: 480
la marea que da la lata.

La ciudad recostada
contra el soldado sarazo.

¿Qué pasó antes del viaje, antes del Helesponto,
en la lejana curia de rebeldes sin causa?   485
Poco a poco trabados en la causa de causas,
divididos en clanes, hay agua y decimales
sobre el pasto europeo, ganados cerebrales,
rayones ecuménicos del lago Titicaca.
Un banderón sinuoso nos recuerda a la patria   490
o un boceto risueño que anuncia crueldades.
Los negros de Artemisa abren y cierran los ojos
como ciruelas verdes mordisqueadas de pronto.
Sus azules melenas asustan de tan largas,
describir las ciudades es asunto de cartas,   495
pero en la desigualdad hace falta la nata,
el café sedicioso en lo profundo del cerro.
Uvas reflexionadas son amigas amargas,
confituras de odio, perfumería ovárica.
Inventamos una esencia donde no había nada,   500
el cálculo y la flecha voceó, rectificada.
La majestuosa cascada, el salto hacia la nada
conduce exactamente en dirección contraria.
Hay zunzunes de miedo, hachas, vacas sagradas,

todo mezclado tiembla, ¡pobre de la mirada!   505
¡Baja el rostro hacia mí, dedícame una lágrima,
soy el Che, simulacro sobre el diván en calma!
Viaja todo caballo más allá del potrero
hacia franjas y estancias con cristales calados.
Soy un músculo flojo enredado en los dedos,   510
las cortinas contienen mi imagen jorobada.
Los que lloran no saben que antes yo no lloraba
y que ahora el recuerdo me derrite la barba.
Imaginado toro, básico libro abierto,
numerado vacío, cama de niño muerto.   515
La palabra emancipa solo lo que es incierto,
busco hoteles de lado, el pez desnivelado,
para empezar la cena con apóstoles serios.

¿De dónde sale el pus cumulativo   520
que ata el alma a la duda despectiva
y acuna al monstruo enfermo de difteria
que escupirá un bocado en la cara de piedra?
Desdeñoso soldado cubierto de maleza,
seré ese conejillo recordado en las Indias.   525
Cuando la bala crezca dentro de la conciencia
ya habré dicho mi historia descompuesta.
Pues el mundo es el caso de todo lo que existe
y a una historia contada nadie se resiste.
Escribiré con sangre si fuera necesario   530
y en la palma de mis ojos continuaré mi diario.
Porque solo en el ojo se refleja la vida:
la comezón del mundo empieza en la retina.
Saca el ojo y arrójalo al hueco de la frente,
¡que se hunda en pestañas y en legañas y en pajas!   535

¡Que reniegue de dioses, de perros vagabundos!
El ojo es el culpable de la muerte del hígado.
La retina resuena en el vaso partido,
el Partido es el ojo que lento nos vigila.
Nacemos condenados a las vistas de playas,   540
a balcones caídos, al espejo, al paisano
que cae bajo nuestra vieja luz interrogadora.
¿Por qué soy de esta forma y no de la otra
o aún de aquella, si la confusión acecha
bajo la relampagueante lasitud de las estrellas?   545
Hay preguntas tan duras, peligrosas de saber,
y la lengua aventura morirse de sed
al abrir la ranura del diente en la pared
deberá superarse saliendo a soplar el café.
Busco una cafetería en Biscayne Boulevard,   550
y en la madrugada turbia encuentro a *Manolo & René's*
en la esquina que se derrumba bajo mis pies
y el dolor de luz fría que grita de placer.
Recorrer las ciudades de noche: antes de nacer,
el hombre desconoce que le espera el ayer.   555
Que es más que unos reproches, que es padre y es mujer,
la imagen de la muerte envuelta en papel.

XII

A las puertas del futuro

Entregar la tierra a los campesinos
es como entregar la arena a los pescadores
o como arar en el mar con automóviles.   560

Luchar por algo es nadar en el llano.
El que conoce el mundo ha renunciado a la ilusión
de construir un cubo peligroso y perfecto
cuyos lados coincidan con los de las pirámides.
Se quedará solo pensando en musarañas: 565
es nulo lo obvio, el objetivo oscuro, la viuda…
Pero, ¿qué se puede enseñar a un muerto mentiroso?
¿A guardar las semillas, a no tirarlas?
¿Las semillas que mueren en los fregaderos,
en basureros ciegos, lanzadas al arroyo?   570
Mancillar la semilla del sagrado aguacatl,
que es como un cerebro viejo desconfiado,
o la semilla del cacahuatl descascarado,
risotada en el horno de sales telepáticas.
Las cajetas del flamboyán resuenan en el aire   575
sobre las cabezas atolondradas de los transeúntes
y los pétalos rojos caen sobre el cascajo suave
cubriendo las aceras con su resaca.
Pienso que haré un cilindro para aplastar las
elucubraciones de los estenógrafos
y camino por la acera haciéndome preguntas   580
como otro que admite la brevedad del mundo
y suspira por lo que no entiende. Da la vuelta
en redondo, porque las calles de Miami no mienten.
Al andar, la arena arroja una sombra recta,
quedo narrado en cada partícula de tiniebla.   585
Ausencia de la ausencia, oscuridad del día,
la materia del cuerpo en mí se transparenta.
Sillas de reclinantes con sudorosos brazos
donde el cuerpo desnudo concuerda con sus tramos,
cada tendón apunta hacia los trasatlánticos   590

que pasan como catedrales por el canal de Wagner.
Una Venecia ciega, doblemente sinuosa,
los bandazos de la realidad comprometen la escena,
cambian los lados del poliedro miamense,
dan sus costados a la bisagra de un agente,   595
los corredores de seguros aseguran un sombrero sobrio,
y la recepcionista menciona una marca de Clorox.
La etiqueta de cigarrillos rubios
entre las pechugas y el *petit-pois* alumbra
una bandeja donde carena una mosca mongólica   600
que circunvaló el foco y aterriza en los sesos de puerco.
Un carrito de helado con paletas al óleo,
las pinturas chorreadas venden carros modernos,
toldos rayados, anillos de matrimonio, bananos…
Este es el mundo que he venido a liberar, el mundo de 605
las apariencias, el de la deslealtad de lo real.
Lucharé por desaprender las reglas de esta cárcel,
buscaré entre los asesinos y entre los mierdas
hasta que encuentre a uno que quiera sumárseme,
¡la marcha hacia el futuro clausurado y sin puerta!   610

XIII

El último existencialista

La esencia de la existencia
se expresa en la situación,
la raya del pantalón.
La existencia es apariencia.

Es más, la pura existencia   615
no existe, no puede verse.
El que quiera conocerse
deberá tener licencia.

Porque la coronación
del existir es lo malo: 620
lo *malo* como regalo,
asombro y abreviación.

En el mal se encuentra el mundo
de la pura coincidencia,
lo que coincide es la esencia: 625
la maldad de lo profundo.

Ser es estar acostado
mirando al techo, desnudo;
saber que seré barbudo
sin haberme desnudado.   630

Y en las manchas de la lluvia
ver un futuro cualquiera:
un motor y una bandera,
una lancha y una rubia.

XIV

El futuro apostado

Un caballo en marcha va desnudo al mercado,   635
los horcones rabiosos lo esperan amarrados,

pero en su pegoste el desnudo del poste
obliga la suerte del dios de la espera.
Un día, de su barriga saldrá un gran Pegaso
con corona de tréboles y barba de sargazos.   640
Júpiter bebe agua de la copa encogida,
y Neptuno cocea el trono de madera
con los numeritos ganadores, del uno al ninguno.

Alebrestado, desigual, malcomido,
entra Neptuno, el hijo de San Rafael y   645
del Prado, el biendotado, el malhabido.
En la encrucijada vuelan los bastos abultados,
giran las portezuelas de talabarterías.
Mientras tanto, en el victorioso hipódromo
se concentra, egocéntrico, el público metafórico.   650

PLATTERO:
El curso encajonado da al traste virulento,
la arrojadiza adarga del carretón al viento,

breves pasos en vilo, paralelas abaratadas,
que son cercas de púas, campanas y quijadas.

Todo lo he visto, y todo, de mi entorno al encuentro,   655
ha saltado, gigante, en bárbaras perspectivas.

Mi cerebro conecta la curva multiplicada.
Corro despatingado. ¡Desvié mis instintos!

¿Qué cascos participan de la verdad sagrada
o aproximan los falsos objetivos del sueño?   660

Las apuestas coinciden con los viejos empeños
y las francas aristas del acaballamiento.

XV

El poeta como acomodador

En la negrura de la sala apagada
tropiezo con lunetas ricamente repujadas.
Son pupitres del viejo continente amarrado   665
a un poste de la luz, en las calles de perro.
Tropiezo con las patas recién atornilladas
y la luz, en un haz, se proyecta en lo alto
como columna dórica, dolida y derribada,
cae de lado en las piernas del público. Un bostezo   670
es el único sustento de las ideas fijas
para el alma que se expresa con luces de bodegas.
Encaramado en cabinas, el sol es negativo
y conduce linternas por los largos pasillos.
Tropezando conozco de los muebles el brillo.   675
Un chicle redondeado se me prende a la suela,
doy patadas al polvo de la alfombra, y el beso
que en pantalla rodea la camisa de cuello.
Son las luces ventanas elevadas al cubo:
no se puede tener lo que nunca se tuvo.   680
Acomodo palabras. Le doy asiento al verbo…

CASQUITO:
¡*Accomodateur, accomodateur*!
¡Aciscado *flâneur*!

Hoy comienzan las carreras,
largas cintas de mocasines,   685
¡en los alambres, inciertos tomeguines!
La insistente chicharra
del sinsonte americanizado,
y esa turba elegante que veremos
parada en puntas en las fotos de antes.   690
Cabizbaja, vocalizada
por un poeta ambulante que la escucha
mordisqueando el tabaco en la trastienda.
Las pistas despeinadas bajo el tractor solícito
caen en surcos parejos. La pata brusca busca   695
el kilómetro cero. El disparo altera
el abismo que vomita en el programa
insignificante el número de la bestia.

XVI

El poeta habla en tercera persona

El corretaje de la carretera a punto de comenzar
demuestra la continuidad de la gravedad: Guevara,   700
Hialeah, Mazepa, el retrete, Crisis de los Cohetes,
los cuatro jinetes del Apocalipsis, cabalgan dentro
del hipódromo cerrado, a la vista de los jamelgos,
pero sin ser vistos: el destino de la República
se juega a las patas de unos héroes acaballados.   705
El relincho se oirá en Tarará o en Tracia,
los enemigos del Estado levantan las paredes
de sus propias cárceles. Los deportados

oyen los cascos del potrico galáctico que se acerca.
Los Estados Unidos comprarán nuestra producción   710
agrícola íntegra, las ideas más cómplices en racimos,
cargamentos de palabras vacías y creencias y exequias,
nutridas reflexiones, falsos valores, gordas guerrillas,
premoniciones, nuevos saberes, retroactivamente.
El espejo escupirá sobre la cara del que escribe con   715
azogue en el ojo de Guevara. El auriga rajado
tira de las riendas donde mil hombres expectantes
ponen las manos en el suelo y trotan para arrastrarlo
por las líneas arenosas, yerbitas podadas, agua,
las nubes secas que hablan del firmamento,   720
una estrella caída embarrará la boina de lana,
la marca de la boina en la frente es el cerquillo del
equinoccio donde Ecuador se junta con Santa Clara:
dos localidades ambientan la carrera desganada,
y la carrera es una cadena de razonamientos.   725
La promesa está en mis patas, en el evento
de que gane o pierda va el destino del oeste.
Esa dependencia comunica cierta volubilidad
al cielo, porque las aguas dependen de la evaporación,
de lo que ocurra en el suelo, de las barajas.   730
Estas calles que duraron poco, fundadas en otro siglo,
alcanzaron su esplendor y enseguida murieron.
Cuando llegaron los cubanos, ya Hialeah era asunto
concluido. Un hueco, algo pútrido y muerto.
Vinieron a morir a un cementerio con un   735
hipódromo en el centro. Y a su grisura mortal
la pespunteaban unos flamencos rosa, aves
incongruentes de paso sobre el paisaje vacilado.
Sus largos cuellos de plumaje esparcido contra

la roca gris de un cielo reventado suplieron   740
a Hialeah con la cagazón de los lagos.

Cuerpo de agua repleto de caimanes zorros
que pretendían dormir pero que acechaban.
Largas patas amarillas como calles negras torcidas   745
que evitan hacerse nudos de risa o rodar
como piedras baratas en el espejo desportillado
de Hialeah. El lugar de pesebres forrados.
El lugar donde un plástico define la vida.
El lugar donde los escaparates vinieron a morir.   750
El lugar donde la gente tira la cerveza en los brazos
y se entierra en el lecho del río más violento y moroso
del planeta: el Everglades (olvidar el Orinoco).
Cementerio marino del cubano exiliado, ¡esa arena
son huesos blanqueados! Se ahogarán, remojados   755
en fango, aherrojados al manto freático: el balance
de aguas y cadenas será la condena del vaso tomado.

XVII

Luna de Miami

Luna, pálida compañera.
Luna la guerrillera.
Tamara Bunke secreta.   760
Luna de las trincheras.

Luna de Miami,
dale tu teta
al litoral.

Tú, primer pedacito,   765
bombo de lo infinito,
¡gran maricón pasivo!

Luna bullanguera,
eres una pejera.
Dos arcos, semicírculo,   770
¡y ya estás!

Bruja de la escoba,
vuelas en el celaje.
Churre en el encaje.
Eres un brebaje.   775

Luna, ¡mis respetos!
Turbadora del mar.
Tumbadora espacial.
Rodeada de estrellitas,
vieja en espectáculos.   780

Luna, tortillera.
Eterna femenina.
¡Oh, lesbiana intuitiva!

Miras con tu monóculo
al que sufre de pena.   785
Luna mierdera.

Eres la bandera,
luna remera,
por estribor.

Espejismo traicionero. 790
Moneda cosida
en el fondo del bolsillo
del tiempo.

Marcada de viruela,
niña y abuela. 795

Alumbras mi despacho,
libre entre los barrotes.
Peste a sicote.

Luna del charco.
Eres un barco. 800

La nave del olvido
que ha partido.
Eres un sinsentido.

Ballena alunizada.
Fría cuñada 805
del espejo y de la muerte.

Eres lo inerte.
Una sierpe
desnudada.

XVIII

Cascos de caballo, o Das Kapital *explicado a un creyente*

Cantemos los relativos cascos   810
y los objetivos barrancos del
ganador de carreras que mete
la cabeza en la corona de gladiolos blancos,
el que con orejas merecedoras de condena
abusa de las maripositas asustándolas   815
con rabazos que repiten la cadencia
pírrica de la victoria y de la esencia.
Alcemos la invectiva donde el elogio
no alcanzó a recitar por tuberías su
enajenada vida de burro. Cerremos   820
el hipódromo por reparaciones y en
la arena de las bruscas líneas, cortemos
cocaína en rayas sensacionales para que
el caballo amanezca muerto. ¡Perdonen
nuestro polvo! Una gran cúpula está en   825
camino. Las gradas aconsejan a los
grandes elegidos. Desde sus repeticiones
corean aquellos que nos arrastrarán
al garrote vil de la mejoría.

¡Levanten las riendas y desaten   830
las bestias de sus postes!

Y todavía, hacer poesía...
a pesar de la mala experiencia.

Encontrar una excusa vacía
que permita volver en escoria   835
lo que fuera la estrella del día,
percibir otra vez en la historia
el planeta que se me escondía.
Evitar los reflejos, la euforia,
y la rueda dentada, la mía.   840
La que hiede a metal de victoria,
porque el tiempo es también plusvalía.
El caudal que acumula el ahora
y en el ente vulgar conmemora
dictaduras de proletizados   845
adueñados del tiempo robado,
oligarcas de lo acumulado
en el tiempo de lo inveterado.

Capital de lo eterno: el Estado.
Si te apropias del resto del día,   850
si el carbón de la monotonía
en el horno pintado de gloria,
un casino llamado «La Historia».
La pureza es la ficha partida,
el Partido es la vida acabada,   855
porque el tiempo es el oro del sabio.
Un rey sol reelegido *in absentia*,
permanente querida presencia.
Dictadura es robar la paciencia
en los bancos de las conjeturas.   860
Las acciones tendrán consecuencia
en las noches que daban cintura.

XIX

La carrera de Mazepa contra el corcel Error

Tocado levemente por la espuela
de plata del soldado y manisero,
impetuoso se manda, potro entero,   865
su corazón batiendo a toda biela.

Esos músculos negros encendidos,
con las patas de mármol repujadas,
las crines caen en ruedas y cascadas:
ganará cualquier cosa que le pidas.   870

Su coraza de gris piedra bruñida,
los ojos de metales plasticados,
muerde el oro preciso, los bocados
no necesitan pienso ni comida.

El caballo es la lengua del meollo,   875
el relincho de un pájaro enjaulado
que cruza vallas cuando mide el vado
o destrenza la estrella del cogollo.

Renuncia a la libreta de comida,
de sus peras, abejas dan al traste,   880
despidiendo los trozos del contraste
y una súplica fuerte descosida.

Cabizbajo, al galope, se arrepiente
contra el piso de luz desdibujado,

relinchante, veloz, desencantado,   885
se desprende del cuerpo, se entromete

en las líneas de fuerza corrugantes
del color que regresa del acecho,
ya la gran discoteca le da al pecho
en los blancos cojones rutilantes.   890

Si se escucha el motor de la espera
que bosteza en creencias y risas,
su carrera en bajada de prisa
abocado al tambor de madera.

Los establos que huelen a rayo   895
y la caca centrada en lo suyo
ha de ser perforado capullo
de la hiel en el tubo de ensayo.

Porque el nudo y el sol son cocuyo
que arderá en viejísima pradera.   900
¡Arre, corcel, levanta la cadera,
haz del Error el elemento tuyo!

XX

La azafata cubana entra en la alcoba

El error de la vida privada,
sus arboledas enmarcadas,
los búcaros elementales,   905

la tele, el triturador de basura,
vinieron a mi encuentro
en el olor de champú crema
que ella despedía de sus venas
al despertar en bata de casa   910
barriendo los crespos cortados
a la joven mañana, batiendo
las ciruelas profundas de la
impudencia debajo de la impresa
alfombra comprada a destajo   915
en una agencia. Sus brazos despejados,
el delineador que esgrime
entre sus dedos dorados, la voz
del ventilador en el techo, como
un dios penitente que explorara   920
el idioma de lo concreto
sin que mediara un secreto
en la tenacidad de su embeleso,
el cuello tirado sobre el diálogo,
todo lo inmenso del momento   925
en que entré a su desnudo
desorden y arreglé sus huesos
entre mis brazos. Sus besos, que
confirmaron mis desgracias.

Suponer a la mujer en las regiones secas,   930
tratarla en vano, como rayar un coco,
su esqueleto completo rueda sobre la mesa,
me sorprende limpiando los vasos de la cena.
Hay en su podredumbre una vaga melena,
recortada en escorzo desde un ángulo frío.   935

Con sus ojos haré castañuelas eternas.
Resolver en zapatos la costumbre cambiante,
volvernos –ella y yo– vasos comunicantes.
Le soplé en las orejas, le cambié zapatillas,
la goteadura cámbrica de un grifo abandonado.   940
Y la puerta, ¡la puerta cerrada como un santo!
Las cuclillas que agarran todo por lo sano.

Encontré un mundo en ciernes en la puerta de al lado,
su designio es la muerte, si se encuentra botado.
Me dio sales de baño y su amor desgraciado,   945
después me pidió casarnos: «Mi esteta abochornado…»
¿Seré yo un celebérrimo con anillos de oro?
¿Limpiaré el sedimento de su viejo inodoro?
Las ventanas del cuarto dan al jardín de perros.
Hay cortinas estrechas sobre un gran palimpsesto,   950
y un jarrón esmaltado y un canario incorrecto.
Enterré mis pezuñas en su cama de seda.
Poco después salió en camisa playera.
Esta playa de fuego con sus tristes trincheras
donde no hay solución, donde no hay pasatiempo.   955
Abogamos por años en las aguas siniestras,
pero fueron minutos y no pude preñarla
con mis falsas promesas de limpiezas eternas:
la miel sacrificada en el nido de perra.
Las ventanas son trampas de la vida secreta,   960
sin saberlo su pelo me pide que me meta,
y el calor de sus senos me promete la tierra.
Un soldado de América en el apartamento,
toma curas y vasos, o lo que se le antoja,
y restriega la escoba contra el gris pavimento.   965

La bayeta, el retrete, la cruz de Pinaroma,
viejos floreros, sapos, retratos de bellezas,
dos pantuflas forradas, mi mano en su crudeza,
la masturbo y su mano me masturba sin prisa:
somos dos masturbadas masturbaturalezas: 970
«Vengo a limpiar la pieza de parte de un amigo...»
La intimidad fenece a manos de lo ambiguo.

XXI

La facha

¡Oh tú, desdichada
oreja que recibiste
mi secreto! Tus alas   975
de aeromoza a mis
pies ataré con cordones
plateados. Mi vuelo
a las regiones probadas,
ríos de fuego en el   980
cerebro: una nube
es mi pestilencia. Espero
en el barrido aeropuerto
de la desesperanza
por los refuerzos de   985
mis ansias. Soy
una gallina dorada
que da huevos de lana
y no vuela porque
no le da la gana: 990

tus alas serán mis
malas palabras,
mi repugnancia.
Me libraste del
sí, abrí las entrañas   995
de una rata del parque,
deambulando,
meditando,
buscando medicina,
sin rumbo fijo.   1000
¡Ay, valiente azafata,
me hiciste un hijo!
Breve pedazo de
mi mónada,
mimetismo de células   1005
muertas que navegan
hacia la tierra
prometida, en parihuela,
entrando a hospitales
para ser recibidas en   1010
la otra vida. ¡Te preñé
sin salida!
Fuiste mía como
mío fue el coco aquel
glasé que compré   1015
a la salida del cine
Roxy, en la playa.
Tomados del brazo
caminé, rendidos,
hacia la puerta lamé,   1020
contigo.

Eso es lo que quedé:
en el escupitajo
de un chicle
pegado debajo   1025
del brazo del asiento.
En el relajo
mullido del
primer beso.
Baila conmigo   1030
aquí abajo, tras
las cortinas secretas
de la pantalla universal:
de tela estará hecha
mi derrota final.   1035
Reducido a seda,
efigie de camiseta,
la burla del
capitalismo será
convertirme en   1040
imagen completa
y total. Proyectar
mi modestia en
la reproducción.
¡Reprodúcete en mí,   1045
azafata o muñeca
de trapo, porque
el paño marcado
con tinta famosa
—el ser de la cosa—
es mi legado.   1050
Ser rebajado

a pieza, ser llevado
a cuestas como
una virgen negra.
Derrota de mi   1055
fiesta, la facha
más impuestos.

XXII

El loco

Hoy he visto a un loco agresivo
arrancarse la ropa en protesta.
Para el loco cayó la floresta,   1060
no hay belleza en lo intelectivo.

Era un loco y chillaba bajezas,
se quejaba de lo extraordinario,
y berreaba como un mercenario   1065
y gritaba las mismas simplezas.

Era un loco increpando a la nada
y gritaba sin causa ni efecto.
Renegar como magno proyecto,   1070
la salud de la mente cerrada.

Es que hay odio encerrado en el pecho.
Todo es odio, si se piensa con calma.
No hay más nada que error en el alma,
y rencor y maldad en lo estrecho.   1075

Era un loco gritando al desgaire,
un orate peleando con nada.
Yo me he visto en su misma mirada
maldiciendo la risa del aire.

XXIII

De la mentira

La mentira es cíclica, procede por   1080
saltos. La gran rueda de la Historia
propulsada por la mentira, que se
posesiona de las tierras, que engorda
y desarrolla como una señorita,
le baja la regla, está lista para su cita   1085
con las grandes charadas, para ser
desflorada. La mentira crece y
se multiplica, es ya mentirosita,
primero novelita, primero prosa
preciosa, después demagogia y salvajada   1090
esperpéntica, primero estilo, sufrimientos
de un joven asustado que huye
a la jungla en busca de música,
los pasos caídos de un ser indeterminado,
francés y cubano, primo de Rusia   1095
y del modernismo truncado,
el hijo de Mandinga y de Europa,
un híbrido por entregas que
crea la ilusión de lo concertado
como si la necesidad auspiciara   1100

cada caso de sí como individuo.
Aquel año vieron la luz las bellas letras
y los más grandes crímenes. Da lo mismo.
La mentira es un círculo, y los que ayer
la tragaron hoy la vomitan.   1105

XXIV

De lo maravilloso

Sí, el concepto de la maravilla,
que hala la silla y se sienta
en el portal untado. Comenta
la realidad desde la semilla.

Entonces lo maravilloso se encoge,   1110
es lo abrupto elevado al cuadrado.
El discurso del loco, dudado.
Maravilla, ¡y que todo se moje!

Por la maravilla comienza el desastre.
Sentimentalismos carentes de arte   1115
confunden el lodo con la vieja parte.
Maravilla es tedio, el secreto gusano.

En la naftalina de trajes cortados
a la usanza antigua, de dos siglos antes,
viaja Guillotina, de gritos tajantes: 1120
morir de presentes, concebir pasados.

Signo de la muerte del vil modernismo
que caerá de bruces en las conferencias,
o en el juego triste de las apariencias
para ser borrado por el comunismo.   1125

Regresar al parque y al monte velado,
la Naturaleza y sus especímenes,
los indios no cuentan nada más que crímenes,
y viajar del Congo al Nuevo Vedado.

¡Ay, parque jodido que abriste tus rejas   1130
a los forajidos en turbias parejas!
¡Jungla de cemento, bosque primordial
comido de hormigas! ¡Tú, monte textual!

XXV

De cómo el arte deviene basura

El marco de madera pintado
de dorado en abstracto dos líneas   1135
cuatro ruedas de goma los neumá
ticos de un carro alguien
dejó carro sobre bloques cua
dro abstracto acera flores
francesas diecinueve al   1140
óleo cae la lluvia sobre la tela
reproducciones de Vlaminck
el marco de oro y tierra y su
ciedad corre hojas de roble

en artesonado que tiembla 1145
de frío en la calle abandonados
girasoles calados de lluvia
carro niquelado transpira arte
abandonado en la esquina
alguien abandonado se deshace 1150
de reproducciones bota y se
retira por la escalera vuel
ve hay una ardilla en
el Rembrandt todo arde bajo
el abrasador de los charcos de arte 1155
se desploma como un imperio
que no existiera más que en las
reproducciones un castillo de nadie
mancha de aceite en la acera
carro que gotea su óleo marrón 1160
como flores abiertas en el
aguarcoiris de aceite de lluvia
girasoles parcialmente vivos
crecen en la humedad unos
cuadros botados cajas de cosas 1165
botas zapatos usados una camisa
a cuadros peluca cordones cabos
de cigarros una lámpara rota
Van Gogh regresa a la puerca cavidad
de la noche se moja catarro vuelve 1170
a no valer nada rechazado
en la esquina de un muladar menor
exiliado su pintura representa
ahora lo que siempre debió
la desgracia de nunca colgar del 1175
muro sino en la acequia.

XXVI

Las nuevas torres vistas desde el parque

El parque está rodeado por las torres
del Banco. Las galerías de ventanas
reciben en sus vajillas el lechazo del sol
que resplandece. Torres encajonadas,   1180
el suave nubarrón no se estremece
anclado en Bora Bora. Castillo en calma,
buque de pasajeros de algodón de ceiba,
bastoncillos de humo color malva,
pintorescos contrafuertes, barrigas y nalgas   1185
plumosas, patinadoras de la estratosfera,
cambian de forma, rubias lavanderas
almidonadas de humo y antimonio.

El cielo abarcador me desespera.
El cielo sin valor es una esfera.   1190
El cielo en sí es una larga espera.

¿No ves el tornasolado aguacerón
que mancha la piedra como un lagarto
que pasó la lengua? ¿No ves las gárgolas
del negro Ayuntamiento?   1195

Piel calcárea dibujada en grecas, arquitrabes
parafraseados, amputados a algún templo
caído, magnificado cedro arrebatado
de base cónica y porfirio vivo.
¿No ves el Partenón desubicado?   1200

¿Y en los cuatro quirinales el gallo negro,
tenor de la memoria en la cloaca
cuando los timbaleros entran a gatas
por las compuertas del desagüe suave,
cuando la madrugada cae desde el   1205
último piso y las auras circulan el
minarete? ¿Es que no ves el Miami celeste?

Imbricada objeción al territorio,
jaula de mármol en el río Tequesta,
fosa de oro en la que se acuesta   1210
la edad sin prisa, la inclasificable.

¿No ves el callejón, el formidable
pedazo de cemento elevado a la pulcrísima
potencia, la cuadratura enorme de los tubos,   1215
las antenas calientes de las penas?

La lluvia es el antecedente reverenciado
por los que corren desnudos por las alcantarillas.
Caliente es la moneda que cae de cara
en la escalera tallada y resbala como un desnudo.   1220
De moho es la golondrina, ojo pardo de la ciudad
de cuarzo y su panacea. Busca
regularidad en lo consumado, en lo asumido
que repta como la hiedra del estanque.
Callada rectitud de las ciudades,   1225
hongo aborigen de sus avenidas
adornadas antaño con árboles frutales.

Torre inclinada del *Miami News*,
roja evasión abierta a las tinieblas,

españolizada victoria sobre el cemento   1230
y las peores desgracias. En tu sala
de máquinas está el archivo rotativo,
la tinta, la burla, el cero, el perchero y el espejo.
Alta memoria de los que no recuerdan
lo que fue una mañana de julio de 1952,   1235
cómo se comía en las persianas,
la brusquedad del atardecer entre los mástiles
zarandeados por la cultura de masas,
que a estas alturas inundó sin dudas
cuanto obedecía a las leyes del mercado,   1240
del supermercado y de sus precios falsos,
las afirmaciones del baño y la cocina y la
alcoba, resignados a significar mucho más
de lo que un gancho y una cortina debían
significar en la existencia y en la creencia del que   1245
se atreve a perderse en un mundo
recién estrenado. Todo es nuevo, *News*,
para nosotros: tus noticias significarán el triple
cuando sean repetidas en los salones del futuro.
Los trenes parten cargados de periódicos y   1250
hay un semanario que habla a los obreros.
El que se bañe en tus desagües, ciudad viciada,
no podrá despegarse ya de tu vergüenza.
Haber venido aquí seguirá siendo noticia,
aún en la hora de las resurrecciones,   1255
cuando un enano escriba en meado
por las veredas de los barrios viejos
el nombre de la tribu que recibió mi estrofa.
El cuero cabelludo del intruso colgará del mármol.
No habrá festejos en el laconismo, bellas   1260

noticias de bodas y cumpleaños son las mismas
que coincidieron con tu paso por las
montañas de Miami, todavía increadas.

XXVII

Cuba por otros medios

Cuba por otros medios aparece regada
en cien barrios abiertos, en altas galerías   1265
de silencios borrachos y mármoles estrechos.
Camino por palacios de madera y de yeso,
oscuros pasadizos de la ciudad borrada.
Descubrir orificios, buscar monotonías,
en mi diario el capricho será una sinfonía.   1270
Palabreados tenores, el cielo es edificio
fuera de las entradas, de adentro para afuera
miro casas abiertas, escribo en las aceras.
Hay una nueva tribu de azafatas cubanas
que anida en las lozas de *kitchenettes* pardas,   1275
hacer arte en congoleum, el arte por el martes.
Conmovedora entrada del Cristo de madera,
un dentista, una diosa, el jirón de destino
en paradas de ómnibus que no vienen de afuera,
seré dios sin dinero, seré un mago argentino,   1280
varas blancas sostienen ropa blanda nevada.
Escribir es notar aquello que no estaba,
arrostrar el abismo que cabe en la mirada.
Escribir es luchar contra el hueco del cero
donde lo interpelado suma doce rodajas   1285
de melones tallados en moteles de lujo.

Escribir es cansarse de andarse con tapujos,
abrazarse a las piernas del vahído supremo,
enredarse en los dedos mil sortijas de humo,
es la tumba del arte de orinantes espejos   1290
frente a diez urinales del parque de los brujos.
Los cubanos recrean aquí sus parentescos,
hay un pueblo gitano, trashumante, mostrenco,
son indios rechazados, indias viejas, sabuesos,
y la roña de todos, separada del hueso,   1295
es la rola infinita de los vagos, los feos,
los perdidos, los tristes, los cegados, los ciegos,
un inmenso Viet Nam a los pies del maestro,
que les da de comer y los manda a la mierda,
un maestro cansado, joven como los muertos,   1300
que aprendió su canción y la canta sin gestos.
Toca su bandoneón con los dedos cruzados:
se llama destrucción y le dicen Ernesto.

XXVIII

Un tomo cualquiera

Ese que hojea *Getting Fluent in Esperanto*
no sabe todavía quién es, o qué le espera.   1305
Cree que la Medicina reside en un tubérculo
y que la universidad es de bello feldespato.
Ya entre tomos caídos la lumbre resucita
a los actores flojos de teatros quemados.
Y, ¿quién cree en la esperanza de los desesperados? 1310
¿Quién comenta en el margen del mundo colorado?
Bosques de tropicalia, jardines colapsados,

arrancados del sueño, en el error tentados.
Libros de matemáticas envueltos en resabios,
la juventud repara la lepra de sus sabios.   1315
Vacíos recetarios, melifluos desencuentros,
baja del bastidor el ángel del momento
y se para a la puerta de los bellos tormentos.
Azufre destilado, corrosivos fermentos,
Mercurio en cuatro patas toma sopa de menstruo.   1320
Una rana con pelo, princesa bonaerense:
variaciones al piano en la casa de huéspedes
que dispersa la sal si le parten los dientes.
Humores, derivados, raíces, bruscamente,
mientras comienza el día del malestar supremo,   1325
miraré para siempre por encima del hombro.
Nada, nada empezado, nada de lo negado,
no creeré tampoco en el minuto próximo.
Extranjero en cada parte, cobarde antes
que nadie, la guerra permanente será   1330
mi gran consuelo. La negación viviente,
viviré sin futuro, lo que es decir, constantemente.
En efigies, en carteles, en papeles monedas
estaré presente, perpetuo convaleciente.

XXIX

La metamorfosis

Transformado en un cerdo   1335
que agarra en la pezuña el estilo,
inoculado por caballos de tiro,

ya está de acuerdo: es él
la deshumanización del arte.

Su nariz es hocico,   1340
el sancocho ha comido
del rancho filosófico,
de Lenine a Papini.

Cerdas rubias le crecen de improviso
en las hondas axilas, es un albino.   1345
Sus costillas engordan, y en la cola,
la voluta barroca, lo enroscado:
Ernesto en «Chancho» se ha transfigurado.

Aparece en la Historia Natural Latinoamericana
entre el papagayo gris y la lívida iguana.   1350
Su transmutación en Santo,
cuya negra aureola es la sangre de menstruo
de la Virgen guadalupana,
de la Matrona cubana y
de la Pasionaria.   1355

He aquí la mutación revolucionaria:
un «olor a riñón hervido que le
rompía las narices a cualquiera».
En el Libro de los Híbridos,
él es el cerdito que limpia   1360
los pecados de este mundo.

El Chancho del Rosario,
mitad esteta y mitad boticario.

XXX

Curas de caballo

Quiere curar al mundo de la locura,
un médico siempre trae consigo la enfermedad.   1365

Dispensa fístulas, orzuelos y bubas,
su primera paciente se llamará Cuba.

Aplica compresas de fango y telaraña,
los maricones juegan pelota en las cañas.

La curación por la política y la voluntad,   1370
el trabajo del médico es siempre voluntario.

Aplica los fórceps al muslo de la realidad,
una cura de caballo para domar el alma.

Busca un libro que trate de la calma,
gotas de roña en el canal del tímpano.   1375

Un poco de tabaco en rama, vomitivo.
Excremento de iguana y tizne de lámpara,

óxido de cobre y tomate en las amígdalas,
para las pústulas abiertas y las supurantes.

Abscesos de la lengua, deben ser punzados   1380
con infusión de escoba amarga y fango.

Masajes en la garganta, agua de ají dorado,
salitre y cal en el costado. Grillos de anís.

Alcanfor en supositorios de cera y yodo.
El todo en la parte y la parte en el todo.

Los jorobados caminan con las manos abiertas,   1385
los tullidos venden la lotería a las puertas

del gran subterráneo, y dan la buena suerte.
Hay quienes acarician la giba para alejar la muerte.

Con pies deformes marcha la gran Humanidad
hacia la nada, hacia el fondo de la oscuridad.   1390

Para los bizcos, recetas mágicas de espejuelos,
el botón del peyote vaticina una revolución marxista.

Deambular por el monte, calistenia fascista
de ideólogos montañeros: la Verdad es la montaña.

Bajarán a ser siervos de las mismas patrañas,   1395
las muletas esperan recostadas al muro.

Todo es lo mismo, todo es viejo y duro.
En lo asmático veo lo imposible augurado.

Todo es sufrir, todo es apretarse los costados
para aliviar el dolor de la risa del mundo.   1400

Cautivante es la risa, el problema irresuelto
que irrumpe en la saliva del alivio pospuesto.

Destruir a los débiles, aliviar su sentencia.
En la marcha de los que caen no hay vuelta.

Síntomas patológicos estudiados de cerca,   1405
con una mano en el revólver y otra en el vademécum.

Hacer un catálogo de lo deformante en carne propia,
las bodas de lo perfecto con lo indirecto.

Contemplar mi belleza en el chancro de lepra,
pasar la lengua por la tiña cenicienta.   1410

Besar el rostro redondo de una india vieja,
sus extremidades cortas, sus rodillas de piedra.

Desposar el color oscuro, la palidez canija
con mi demudada complexión de atleta positivo.

Joven actor en Medicina griega y peloponesia   1415
amarrado a la enfermedad de la tierra y sus causas.

La claridad, el honor, la democracia, las obras maestras
viajan en el palanquín peruano de los déspotas.

XXXI

Sabañones y mataduras

MAZEPA:
Atenea, deidad de los caballos. Rápida
escultora del espacio. Imbricadora que usas   1415

la catalepsia de un dios ahíto de pupusas
para elevar un relincho en hexámetros cámbricos.
Acuclillada yegua en el gran rodeo y el feo
templo de cinc mojado, de ridículos maderos
con gradas truncas sobre el sereno asfalto.   1420
¡Oh, tú, diosa burlesca y jamaiquina,
la de los ojos negros, la que brinca la cerca de los
perros de Flagler! ¡En el canódromo, auriga!
Castiga al doctorado que regresa esta noche
a Argentina, ciudad del puerto muerto.   1425
¡Frígida decapitada capitolina hada madrina!

JAQUE MATE:
Lo bueno permanece, lo malo se ablanda
y baja por el esfínter, se descarga en la arena,
negra plasta mosqueada y epónima,
acuciante mojón arrojado al trote,   1430
sínodo del heno y tártara de avena,
el copetón avanza, abriendo las ínfulas
en la herradura que compila lo oculto en el hierro
de las pesadillas. Yunque de herrero, cosmos
ensartado al ojal de viejas rabadillas.   1435
Bucólico pedestal con un caballo en la silla
y el ojo en un clavo. En la pezuña el sino
que no se anuncia al cabalgar de lado,
ensimismado en el terror del parque
y sus cachicambiantes hojas al traste.   1440
Nadie mejor que el ejemplar equino para entenderlo:
un mirlo criba el cagajón con pico inmisericorde.
Frutas escritas anidan en la hez inconforme.
Su brusca cabilla abarcará el orbe.
Nunca escribas con sal en las mataduras: 1445

perdona a tu cabalgante como él perdonará
el orden natural de entrada en la talanquera.

XXXII

Sanaciones

Inmenso sanatorio para latinoamericanos,
la enfermedad de México en los ojos saltones   1450
de Rivera, la hidropesía, las piernas zambas,
el corazón fallido, la lengua atravesada, incisiones
en el prepucio, sangre mana de una maceta de ónice,
la puñalada en el ojo, la órbita corre en un racimo
por la mejilla como un mamoncillo chino,   1455
los testículos cortados, el ángel ablandado,
los padres preñan a sus hijas en la terraza, los venados
de un siglo de oro, dos cruces en el hígado, blancas
crines de seda, el país de las abejas, nudos de serpiente
en el estómago, sangramientos y sanguijuelas,   1460
el glóbulo frío en el cachete, vaciadas cuencas,
la sal, vacas inoculadas en el pellejo de conejos,
de cerdos, piel de cactus que folla en la lluvia,
mole en las venas, cortaduras de los ligamentos
óseos, los codos, desprendimiento del alma,
                              / la política   1465
del abdomen sobre el pedestal, pezones ocambos,
musgo gris de la sangre oscura, vieja bañada
de luna nueva, rejas del pensamiento, agotadora
                              / incertidumbre
en medio del desierto, el esqueleto de una civilización

en el altar grasiento, colgado de clavos, un indio
/ muerto   1470
con un garrote de orquídeas y música de vientos.

Pies enredados en vastísimas hemorroides,
laten las cadenas como dientes de héroes.

Nuevas arrugas descuelgan el ceño,
las clavijas de cera, el ápice en la oreja.   1475

Sangre de reverberos en el cerrado cuesco,
arrastra la varilla que rueda por el suero.

Vestido con la lana que se anuda a la espalda,
color de verde enfermo, los cordones le arrastran.

Enlazados al cuerpo y en la muñeca negra,   1480
su nombre rotulando con pistola de letras.

Los datos de mi pierna, la gangrena segura,
una gota de miedo en el canal de esperma.

Los vasos capilares con los pies en la tierra,
las uñas enterradas, los encuentros podridos.   1485

Manchas de cigarro del color de la mierda,
y donde cae el corcho hay una matadura.

Las bujías de los ojos, borradas averías,
manos secas agarran la punta del meollo.

Escupe un pelo en la mano, la pasa por la lengua,   1490
y recibe inyecciones de vergüenza en la vena.

Tose su confusión, come sobras de estrellas,
baja la luna mala a la olla de grillos.

En la espalda bisagras y oxidados tornillos,
le falta el dedo gordo de la mano izquierda.   1495

Tiene el pelo mojado por una lluvia de vidrio
y brillantina azul de hiel de vaca suelta.

Va cargando un petate de periódicos viejos,
su enfermedad mortal es la condición del tiempo.

XXXIII

Frente al Dupont Plaza

No lo conté todo.   1500
No conté qué vacía
era la lejanía.
De algún modo

expresé el pensamiento
o la monotonía,   1505
lo que escupía
el sedimento.

Que me agredían
con sus efectos

electrodomésticos.   1510
¿Cómo cabían

todos en el centro
de México absorto,
como un aborto,
todavía adentro?   1520

Escribí prosa
en tinta indeleble,
mi prosa endeble
o cualquier cosa.

Ellos, los otros,   1525
los dos hermanos,
deos cubanos,
como dos potros.

¿Qué sé de ellos?
Vienen y van,   1530
no me verán
la soga al cuello.

Callé una parte,
me metí adentro
del Movimiento: 1535
lo mío es el arte.

La boca abierta
de un gran trompón,
pasó un avión   1540
por una puerta.

Casa de citas,
los conspirados,
puercos asados:
seré «Botitas».   1545

Niños barbados
en la montaña,
ojo y pestaña,
dedos quemados.

Veo lo nuevo   1550
del elemento
en el intento
que pone el huevo.

Poner la bala
y darle el pecho,   1555
bajar del techo
a la antesala

de lo inminente,
lo nunca antes,
los visitantes,   1560
y lo presente.

Un delincuente
que se arrepiente
del ser, del ente.
No di la mente.   1565

XXIV

Los pulmones

Los pulmones, dos cajas vacías polvorientas
llenas de cáscaras, suspiros y tragedias.
La camisa del pneuma, cajón de gavetas
del cuerpo, extractor de aire en la
ventana fisiológica, gran tomo reescrito,   1570
bujía ciega, doble plafón abdominal
espantado de nicotina donde lo líquido
y lo gaseoso se combinan, nido de
palabras, asiento de la pena,
gran tuberculoso submarino, azul   1575
esponja enredada en alvéolos y venas,
catedral de esternocleidomatoideos,
bárbaro caparazón prehistórico,
pie de amigo en el terreno empantanado
del pleura, del dogma y del diafragma, violín   1580
bien acatarrado, panal de humificadores,
sifón y boca de horno, fragua vieja,
escaparatón doble y espejo del alma,
lugar de donde salimos antes de entrar
a la nariz divina de los empericados jimaguas.   1585

XXXV

La indiferencia

Hay una importancia,
un contenido,

y hay algo que trasciende,
que está más allá,
indiferente, como un   1590
telón de fondo.

Esa indiferencia
no se interesa por
nuestras obras,
le da lo mismo todo.   1595
Es lo que nos mata
mientras estamos
ocupados en nuestras
cosas.

Es también un espacio   1600
en blanco, relleno
de acechanzas
y de formas.
Es un derrumbe
a perpetuidad   1605
y un conocimiento
de causa.

Nos provoca
al final. Es lo súbito,   1610
lo que no estaba en
el programa,
mientras nosotros
programábamos la
próxima escena y la   1615
última palabra.

La indiferencia
es omnipotente y
omnisciente,
pero es, sobre todo,   1620
indiferente.

Es una indiferencia
total: la totalidad
indiferente
a la parte.   1625
La parte sucede,
existe, transcurre
y muere de in
diferencia pues

lo indiferente es   1630
absolutamente venal
e ignorante y
no sabe lo que
se pierde.

Indiferente   1635
es el universo y
por eso
llevamos siempre
la de perder.

Nuestras causas   1640
son nada,
nuestras nadas
son causas: el

mundo está al revés
en el terreno   1645
de lo indiferente.

El ser es un puente
entre dos indife
rencias; la inconsciencia
es el atributo   1650
de lo impertérrito.

Nada le importa
a la Señora de
lo Inerte. Ella
es la suerte y ella es   1655
la muerte.

Por todo esto digo
que al abordar
el avión DC10
de carga en Caracas   1660
un veintiséis
de julio de
1952
la indiferencia
se dio banquete.   1665

La indiferencia
hizo la ley e
hizo la trampa.
Todo sucede de
acuerdo a unas normas   1670
vueltas de espaldas.

El vuelo con bestias
anticipaba lo que
anticipaba.

En alguna parte   1675
alguien, algo
conspiraba.
Las fechas conspiraban
antes que las
causas. En doce meses   1680
coincidirían
las hermanas.

El principio de muerte
de la indiferencia
se adelantaba. Tuvo   1685
que saber la fecha,
entender de qué
carajo se trataba.

«Ése es el día que
llegué a Miami   1690
de Caracas»,
lo llevó en el brazalete,
en su brazo enlazadas
las letras y las
cifras en la tela   1695
negra morada.

La indiferencia
concierta citas en

la nada. Basta que
algo se repita   1700
basta que algo
se repita.

XXXVI

Diálogo de un vagabundo y una cajera

Allá el Ten Cent trenzado, amigos míos,
la cámara sencilla y el papel de servicio,
tantos objetos encadenados, los techos lisos   1705
con grandes títulos de luz fría sobre las cervices
de compradores agotados, el rizo de
su frente color granizo, rojo pernil,
la vejación sufriente del ama de casa
tras la registradora, la que come su sardina   1710
siempre a la misma hora, y quien la mira
conspira con la empleada con la mirada,
algo pasa por los estantes de acero,
no es un cliente, es el presidente de lo
todavía no resuelto, o definido, le da el vuelto   1715
en la mano extendida y un recibo suelto,
en la barriga del vagabundo hay un mundo,
tres continentes que gimen y un descontento,
el feto de la realidad apilonada y la brisa
de una empanada de pechuga, la pistola   1720
de salsa de tomate, las viscosas banquetas
del *automatic*, discos y quesos, gruesos
tomos de champú, botellas de abscesos,

los humores perfumados del capitalismo, mendrugo
frágil en las cajas abiertas que muestran   1725
sus entrañas de viaje, sus montañas de dólares
verdes como cotorras, el salitre se prende
de las hojas, la sal que los obreros dejaron en
el papel moneda, esos mineros de la ciudad,
los que abren túneles de comer y consumo,   1730
los que llevan cascos con lámparas añejas
en la frente buscando tesoros en la mente,
esos que explotan los recursos de lo natural
delante de las máquinas, los empleados y los botones,
la camareras y los ferroviarios dejan sus monedas   1735
en la caja de la cajera, que los observa y doblega
su corona platinada con cintas métricas
atadas en lazos sobre la testa y flores plásticas
y presillas abúlicas hechas en Tailandia. Y el Asia
despertará en un estallido tétrico de camisetas,   1740
los pantalones de elástico bajarán por canales secos
hacia las piernas abiertas de la civilización y
al final estarán la caja y la cajera que observa
con la boca abierta a este polizón en la tierra,
el que ha viajado con caballos de carrera   1745
de manera que el cielo se abriera y los acogiera
en la tarde neorromántica de Miami Beach.

Ella se entrega completamente en la carretera
que va de la Tierra Firme a la Isla Encantada
con palmeras y el Fountainebleau de fondo,   1750
y paran momentáneamente en el viaducto
para tomar fotos de las aves que vuelan
y de los manantiales de roca, y de las casas modernas

de coral mostaza que el sol cubre como
un gallo magnífico que las poseyera haciéndolas   1755
parir un huevo de oro que contiene toda la
lujuria de la oscuridad que se cierne sobre
Miami a la hora de la novela, cuando el ibis regresa
a los manglares y los escalonados patos surcan
el cielo macilento por el firmamento   1760
y las ratas cantan en la cuneta empedrada
y los barcos ronronean como felinos telúricos
en la hondonada olímpica del sulfuro tachonado.
La cajera lo toma de la mano y lo conduce
hacia una palmera torcida que pandea sus costillas 1765
sobre el litoral, aminorando la marcha
recuesta su cuello al chaquetón verde olivo,
y lo amasa con sus deditos fáciles y curvos,
y lo construye con cada pasaje de punto
de su cuello de cisne bajado del cielo,   1770
dispuesta a recorrer el abismo por lo sano,
y descubre su pedúnculo en el bello astuto
de la ingle recogida en capullos juveniles
y en el glande abultado en la cintura, apretado
al cinto con dos virutas de seda y cisne.   1775

El romanticismo renacerá en esta escena guevarista
temprana, recogida puntualmente por el
poeta que espía desde la caleta con espejuelos
Calobar y patas de rana en una bicicleta sobre
la rampa que atraviesa el canal del mañana.   1780
Descapotables y trusas y baloncestos cubren el tramo
descalabrado debajo, y el aire bulle como un gas
y el delineamiento de la ciudad babilónica

recrudece sus altares de estuco pintarrajeado
y las enredaderas talladas en piedra y los Aladinos   1785
de gres y granito que sostienen entre sus piernas
sinagogas de merengue y cúpulas de fuego.
Retozan en la arena el guerrillero con su melena
de oro y ella en pantalones calados, con bajos
y truenos y senos de ajo cubiertos con algas
                              / y gargajos,   1790
y él la supera con su mirada de hierro que
penetra, y ella, que se queja de la vitola seca
con que la desgarra al extirparle la muerte
o la leche superada que cae a chorros en su
descombavulada valva, solo el polvo   1795
conocerá del semen del héroe de espaldas.
Sobre sus nalgas, granos de arena rechinantes
que en la refriega refulgen como diamantes.
Son pepitas de historia, amuletos de odio
repujados por el vaivén de las enaguas   1800
y las arenas movedizas donde se hunde la
causativa cuando cae en el pozo ciego de
la mujer engañada. Porque nunca sabre
mos con quién se divierte la cajera del Ten
Cent realmente, si con el presidente de   1805
la tierra o con un ángel caído de la esfera
de un planeta de novelas y manifiestos.

Convencidos de que el destino es una transacción
para los cuerpos que se entretengan bajo el reloj
de sol de la arena planchada y del dolor,   1810
los recién cansados escuchan el pito tectónico
de un barco cargado de ruinas que transita

por la bahía. La luna es una peseta escachada
en los bordes por los platillos rajados del trueno.

Tarda, tarda el avión   1815
depende el riesgo.
Es cruel el sesgo
de la pasión

por lo lustroso,
animal costumbrista   1820
o perfecto arribista
que cae al foso

de la calle mojada
Flagler Street baja,
polvos de *Maja*   1825
y Prabuphada.

Un carricoche
será mapuche
cuando se duche
de su derroche.   1830

Historia Universal:
no es comandante
sino aspirante
a lo banal.

Es un viajante   1835
desentendido
(Miami: nido)
de lo importante.

Carenó aquí
desde Caracas   1840
con sus matracas
el maniquí.

Donde el mambí
trilló la ruta:
la patria astuta   1845
o el Potosí.

XXXVII

Especial del día

Tiempo anterior a tu etapa guerrillera
y aún anterior a lo que vino antes
merodeabas, discursos en la acera
en senderos de césped y gravilla   1850
estudiabas sentado en una silla
con lámparas de luz medio amarilla
tiñéndote los nudillos fríos y
tus yemas sobrevolaban mapas del cuerpo
en tintes graves, venas, ramalajes   1855
de arterias, un cerebro trazado en el
papel, un músculo, un paquete
de tubos cortados de golpe, los tendones…
Eras médico en el jardín hespérido
con tu avión averiado en los hangares   1860
y el críptico edificio de los libros
tienda de campaña hecha de mármol
frecuentada por viejos maricones

que buscaban el fuego de la carne
y el racimo de músculos más grandes   1865
y el opúsculo rojo en los estantes
y el glóbulo marchito, el nuevo glande
y las glándulas hinchadas como gandules
que crecen en el frígido arroyuelo
las matas de pompón artificiales   1870
considerabas el muñón y el freno
el banco abierto a las constelaciones
sobre tablas mojadas tu cabeza
y en tu cabeza la bíblica melena
y el discurso de un Trotsky medicinal   1875
teorías del alma y de la máquina
que aborta en los tornillos enroscados
el pueblo conmemora asesinatos
algo del pueblo pasa por tus venas
vomitas las palabras del filósofo   1880
el dedo apunta al abdomen de un muñeco
una línea de pelos que secreta
la cuadratura mística del cuerpo
el avión esperaba en las barreras
y los caballos corren por el cielo   1885
esperando el peligro de banderas
izadas en los mástiles complejos
Marx es ahora un tomo subrayado
de hojas manoseadas donde un muerto
escribió con menudo en el denuedo   1890
notas alegres sobre la plusvalía
y entiendes con tristeza y desengaño
que los locos encuentran la respuesta
en salones bañados de preguntas
donde orinar es un derecho humano   1895

y el Sistema provee mingitorios
para que el pueblo crea y se conforme
cebabas en un tiempo interrumpido
dividido entre el parque y las palmeras
comiendo sándwiches de mayonesa   1900
entre lasquitas de jamón serrano
atravesaba el sándwich un estandarte
que ostenta en su corona un solo brillo
de celofán cortado en flecos desultorios
su verdoso budín de pepinillos   1905
ceniceros, consignas, los pringosos afectos
de camareros rusos antes del amanecer
deambulando por el centro de lo que
no tiene centro, el punto cero de una vida
vivida como puedes, sin apuros, en Miami,   1910
paradisíaca ciudad y urbe segundona,
entrarás en la patria por la puerta del fondo
por el manglar mojado de Playitas
ésta es la Playa que a aquella precediera
antes del desembarco, ella es la mata   1920
y el muñecón de tus gestiones públicas
que encontraron preámbulo en la arena.

Hablando en serio, esta es tu prehistoria,
el preámbulo de la ciudad que inaugurabas
en la memoria introduciéndote allí como una nota   1925
al pie, tus pies calzados con chinelas antes que
fueran botas de siete leguas, la lengua del zapato habla
por ti, dice tu historia, el sicote es el fósforo y
l'air du Temps embotellado que irá a dar al mercado,
cada gota de ti buscará un relicario, en pozuelos 1930
tus órganos, tus granos, tu garganta, tus piedras,

tus dientes masticados por la metafísica, el pie
calzado resbala en el fango de un parqué recién encerado,
la municipalidad palidece al verte recostado
a sus árboles baratos, comprados a destajo
                                        / en un jardín.   1935
Si escupes, el sol reconoce tu escupida, y el alcalde
te otorgará las llaves de la vida y de la muerte solo
por ser quien serás. Ésta es la prehistoria escrita en
un DC10 que duerme y es alimentado y peinado
en su establo aerodinámico, hay algo aéreo en   1940
lo incierto, la palabra avión es tu teatro, lo que escribas
será representado en los escenarios de Broadway:
tu unidad de acción, de lugar y de tiempo son
las tres brujas que tejen la trama de una comedia
situacionista, todo lo que existe es ya existencialista,   1945
y es, por ti, comunista, un nuevo tipo de arribismo
nace aquí, en la escalera blanca de un parque del exilio,
la posibilidad del pasado como potencialidad,
no había nada que hacer, solo el observador del todo
a una escala que solo conciben los ingenieros de la   1950
imaginación podría augurar tu nuevo desencanto,
aspira el aire de este bosque prematuro, inundados
de orquídeas tus pulmones polvorientos, mira en el agua
el papel arrugado que alguien arrojó y plánchalo
con la mano sobre tu rodilla, lee, lee, relee   1955
y llegarás a saber las razones del suicidio colectivo
a punto de ocurrir a noventa millas de esta orilla,
un crimen pasional que espera por tu llegada,
en tu zapato un clavo hinca ya el porvenir,
deberás repararlo, hacerte cargo de la Industria   1960
ligera de una nación que despega como un avión
transportando un jamelgo alado hacia la refriega,

entrarás de espaldas por Oriente a la prosperidad
de Occidente, a la Sonriente, joven puta que canta en la
ventana transparente, entrarás en un coche   1965
sin saber que en La Habana hay un Capitolio rubio
y un puente de rubíes sobre el mar, verás el sendero
que se abre a tus pies en el atolladero de Miami.

XXXVIII

Segunda sombra

No pongas el pie en el vidrio inglés   1970
que cubre el césped del camino burgués.

Descalzos los hombres están parados
en las creencias de puercos capados.

Mira al mirlo comer del ojo ciego,
el vínculo terroso del conejo.   1975

No fastidies el parque con tus pasos,
se divide la vida en tres pedazos.

¿Es el cielo entre ramos de pompón
un espejo cansado de ilusión?

Encuentro de perros vagabundos: 1980
Jimmy Roca y tú, primos segundos.

Te lleva de la mano por Miami
es Virgilio repleto de pastrami

tomado a crédito en una cafetería: 1985
si paga adelantado o vive al día.

Principios fatales de la economía,
el gran doctor con la entraña vacía.

Un sándwich de poemas modernistas,
un tour de las moradas a la vista,   1990

grandes casas de piedra, arquitecturas.
Roca es piedra. De piedra de locuras

está hecha Miami, la extirpada
de la cabeza de una gran pedrada.

Miami: piedra azul de cocaína.   1995
La luna, un aparato en la vitrina.

¡Mírate! La alquimia del pop transforma
al Pegaso montado en plataforma.

«He ahí una torre como un minarete
y un hotel en forma de retrete,   2000

rejas de rosas, artísticos vicios,
antros, escalones, precipicios…»,
le muestra el arquitecto argentino;
tu vida corta a mitad de camino.

Lo masónico, lo druida, ¿qué importa?   2005
En la piedra un demiurgo aborta.

Traga la roca y vomita a su hijo:
coagula lo leve, disuelve lo fijo.

Jimmy Roca es tu Pepito Grillo,
Miami News de estuco y de ladrillo. 2010

De lo sevillano y de lo erguido
sale un ayuntamiento sumergido,

pilas de merengue escalonadas,
todo un pueblo tratado a patadas.

Jimmy merodea la ciudad vencida, 2015
los carros entran por la salida.

La Habana, Miami: todo se enreda,
las tres caras de una misma moneda.

XXXIX

Justitia et Pestilentia

La injusticia es tan importante para
el desarrollo de la ciudad como la justicia. 2020
¡La injusticia mantiene el equilibrio!
Las grandes injusticias crearon el mundo.
Solo los débiles creyeron en lo justo,
los fuertes saben que la injusticia es fecunda,
y los demás, no saben nada. Son los pocos, 2025
los estériles y los baldados, que deben extender

una mano al pelotón que pasa de largo.
Junto a los perros y las alimañas
duermen los que sueñan con la justicia.

Al final, la suma de todos los crímenes da   2030
siempre cero. Acabar con algo, destruirlo,
comunica a las almas horrores sagrados,
sobre todo si se mata por placer, como a
aquella lagartija que operamos en el
quirófano de una infancia feliz,   2035
extirpándole los ovarios, haciéndola
reventar, apretujándole los intestinos gruesos,
arrancándole la lengua, dándole candela
con alcohol de primeros auxilios. ¡Ah, nuestros
preparativos para las nuevas conflagraciones!   2040
Los lagartos nos enseñaron a vivir.

La pestilencia es el momento más claro de la salud,
los golondrinos de las axilas anuncian el reino.
Várices y escrófulas, moretones y sarna
vibran en mi pecho como mariposas doradas.   2045
Los humores vidriosos y la bilis negra,
altas hemoglobinas y agallas perforadas
en las ancas. Bagatelas son los tramos de paz,
en salud se recrudece la dificultad hereditaria,
sabañones con que el cielo nos visita, luz negra   2050
en el ojo tronado, dedos cortados, amputaciones,
cojeras, gagueras, flema en la cara y pus
en el óvulo, afinidades de la vida a la vida,
diablos en la cabecera, despojos con mas
tuerzo e hinojo. El mundo es rojo.   2055

Mi escorbuto pardo como un perro chulo:
muérdeme la lengua, dame la rabia y la sarna,
triste mastodonte de la salud pública, temblando
en el aposento aireado de la niñez sin contratiempos,
infla mi asma contra las vejigas del firmamento,   2060
la respiración de verrugas y de ungüentos, carne
mancillada por la jeringa y el lavado, la tráquea
abierta y el esternón serruchado, la vida
nos llama desde la cama hacia el tierno sepulcro,
que es como un lecho de convaleciente eterno,   2065
el descanso en paz para la embolia y el verdugón,
grandes sustos, el balazo en la nuca, entrada
triunfal que aplico al nudo de la existencia,
bruscos cambios de temperatura, oxígeno en fuga,
nitrógeno, llamaradas, vasos, vesículas, sopor
                        / y cálices.   2070

Soy el dueño del caduceo, mis pies alados me conducirán
por el cielo hasta los parajes de un bosque
donde los alvéolos buscan soplo en la suerte.
Ahogadas ilusiones como viejas Ofelias bajan
por un torrente sanguinario hacia la nada.   2075
Soy un Hamlet complejo y el complejo de Hamlet,
mi madre me llevó a un río congelado en la
alberca de un hotel uruguayo y me soltó en
el hielo. Mi padre es mi tío, me volveré un santo.
Un Hamlet indio para una Cundinamarca
                        / plantada   2080
entre begonias, un dios exagerado, mutilado
en una cama de heno de un cuartel de Castilla:
enfermo, españolizado, grave y equivocado.

XL

Tarde en la cantina

La vida es dolor
la muerte es un vacilón.   2085

No te pares en la puerta
correcta del dolor.
Un cacharro se apresta
a llevarte al hotel
«Sensación».   2090

El piano toca a muerto
la Marsellesa
para tu corazón,
y la puerta no regresa
del abismo cuarentón.   2095

La vida es dolor
la muerte es un vacilón.

En la curva de la oreja
se queja
un diminuto bandoneón.   2100
Si tú bailas con la vieja
tu pareja
será la Revolución.

Los violines de la orquesta
reflejan
la gravedad de la situación.   2105

Cancionero de tu ceja,
el peine surca
el mechón.

La vida es dolor
la muerte es un vacilón.

Y la muchacha que goza
destroza
tu tímido corazón.
Ella sabe que la cosa
en sí   2115
no es ni
himeneo ni epitalamión.

La vida es dolor
la muerte es un vacilón.

Busca cabos en la acera,   2120
la bandera
de Gus Machado Chevrolet
hace muecas en la tela,
¡candela!
Patria o muerte y ¡olé!   2125
Porque en este mundo
no se puede contar
con amistad
ni avatar.
Los caminos traicioneros   2130
decidirán
tu derrotero
en la pura voluntad.

La vida es dolor
la muerte es un vacilón.

XLI

Stadium

La vida pasa como el zepelín de la Goodyear
por el tropeloso firmamento de Miami.

Los jugadores de fútbol en formación
atacan un movimiento complejo sobre el cemento
verde numerado con cifras de cal.

Son yardas arrebatadas al espacio total
que abarcará la duda donde la luna
es un balón hecho con el pellejo de un cerdo
cósmico que toma su primer baño
en el lodo del estadio. Los atletas son de estaño.

Canillas y corvas en un arco sobre el caballete
de un templo que el tiempo levanta
con olimpiadas, chiclets, relojes de oro y guardapolvos.

Dos toros sostienen el estetoscopio y un ramo
de camelias, tubos de escape y pastillas de freno.
Una pirámide de público, estudiantes con sayas cortas,
verdes y color naranja, en hombros de otros aspirantes
forman figuras geométricas, hechos de proteína,
de sobras de almuerzos, de cantinas universitarias,

sauces llorones, rollos de teipe, agua, multitud   2155
efervescente y llantas de automóviles ponchados.

Imagen de un siglo secular, alma máter de Jimmy Roca.
UM, sílaba afincada en el *touch down*
y la leche de vaca que corre por las venas del futbolista.
Así fuiste a dar a las gradas, la hierba marcada,   2160
el lanzamiento brusco del pelotari desnudo,
el nudo de tripas y cintillos de zumo,
el sudor compartido del que abraza la celebración,
profundos pitos de victoriosas jugadas,
matracas y confeti congratulatorio plateado   2165
que tiembla en el aire, en lo mojado y en lo púdico.

Sanidad mental del alma máter,
curso escolar abierto a las masas suplicantes,
casa babilónica que se repite en las eras
tributarias de uno que escribe soñando en prosa: 2170
«Cubrecamas de tela, un florero y una rosa
de tela, con hojas de tela y de alambre
que traspasa el estambre, la corola mosqueada
con puntos de macramé, desvestir santos para
vestir la Nada…», y la marcha voluminosa comienza   2175
con las trompetas niqueladas de la banda escolar
que toca las más sencillas notas de la Unidad.
La batuta sencilla alcanza el jarrón
de aire y lo corrompe con su movimiento
a la vista del batallón unánime de la UM,   2180
cubierto de cortinas en un concierto de trombones.
Las filas indias llevan oboes. No hay transición
en el silencio del estadio cuando la masa

escribe con sus cuerpos «Esta lasitud, esta tarde...»
Intercambian platillos, el tema del estandarte,   2185
la muñeca sondea pozos frígidos con
la batuta rematada en maruga, las piedrecillas
canjean el perímetro del sonido por agua,
si la lluvia penetra el oboe y el trueno
encaja su espada en la tuba, los cencerros   2190
de la banda culminarán en *Scum und Drang*
y pedofilia, balazos cálidos de tambores,
el paso de una cincuentena de banjos y guitarras
rellenos de sal, bayeta en los hombros conde
corados con botones dorados, el azul seminal   2195
del bonete de plumas clavadas en las cabezas,
marcha fúnebre triunfante en el ejercicio
matutino de la calistenia burguesa en clave,
puñado de aves en el caldo estereofónico,
bajo un acueducto colmado que recibirá al héroe   2200
inmaduro, ceñido en sus vaqueros claroscuros,
todavía puro, empuñando el sino, para el que
la banda armoniza una escala atonal
de otro espectáculo norteamericano imperial.

El estudiantado preconiza lo que será el hado   2205
cuando el caballo aterrice en el vado
y su lazo organice un pedúnculo de soga
al que ofrecer la cabeza por el bien de la Historia.
Ese encuentro en el límite de lo victorioso,
el escudo glorioso de un batallón despótico,   2210
la circunscripción anular de un estado de olvido
y su pozo de arena, con huellas de pena
inscritas sobre el telón en calma de la carne.

Unos helados y palomitas de azúcar en cucuruchos
tragados con dignidad para cumplir con   2215
las apariencias. La esencia de tu edad
deja un rastro de almendras y baladas canadienses
en la voz de Paul Anka, el sonido fetal de
la televisión, un narrador de cuentos
de un pueblecito cautivo, son evidencias de un   2220
futuro en las gradas. Son sonatas habladas.
Tu mundo no conoce aún la madrugada.
Hablo del mediodía, de «Mens Sana in Corpore
Sano», del estaño sublime de tu fisonomía.
Miami es una bahía en calma para   2225
tu biografía, una profecía coloreada
por un pintor abstracto de la Pequeña Habana.

XLII

Contraceptivos

«Cochino extranjero», es lo que quisieron
decir los cubanos cuando te bautizaron con
el epíteto de El Chancho, ¡un saludable   2230
desprecio por todo lo latinoamericano!
Nosotros veníamos del Norte, de la frontera
occidental; tú venías del polvo opuesto,
de lo austral, ¡fuiste un cerdo y un cero entre nosotros!
Con tu acento de obrero que no adquirió nunca   2235
el timbre bestial del hombre refulgente,
de la ciudad mundial: «Cochino extranjero»,
cuyas reglas de higiene repugnan a quienes

toman siete baños diarios de salitre en una
isla de postal. La higiene como contraceptivo, 2240
como contrasentido y antibiótico contra el
itinerario de lo caquéctico y de lo asintótico.

XLIII

Verano indio

Cubistas son las horas de tu denuedo
transitas por las calles de terciopelo, 2245

el negro profundo de todo lo nuevo
se arruga en la distancia. En tu talego

viaja un mapa de Francia, desde luego.
No hay impunidad para la concordancia,

así es la crianza. El malecón agrega 2250
roca de salvación a nuestra cueva.

El nacimiento muerto de una nación
está escrito en tus pasos en transición.

¿No entiendes el símbolo aeronáutico
que te trajo como mito fáustico 2255

a la Biblioteca clausurada del destino
de una nación que te importó un comino?

La cabra tira al monte, la lluvia vocinglera
cae en goteras en las habitaciones austeras.

Claras vajillas, comida de chivato,   2260
animal rígido y descrito mulato.

Ojos que no ven, corazón que no siente:
toda mujer es un continente.

América: Bahamas sepultada en la pena,
solterona de España y sierva de la quena.   2265

Tú, campeón que montas bicicleta: la saña
será amor y el sueño un motor.

Comienza la campaña del miedo vaginal,
la Tierra espera a un héroe tricontinental.

Será la esposa aindiada, putumaya,   2270
envuelta en una magnífica toalla.

Al penetrarla, la vida penitente
toma la forma de todo un accidente.
¿No será la promesa vacía de redención
el motivo secreto de tu vocación   2275

para amar los desechos civilizatorios,
las minas saqueadas, los viejos emporios

que entregan las tetas, la noche, la piel
en el trasmundo de su sexo cruel?

El español es el idioma de la dictadura,   2280
estabas condenado a hablar basura.

Conflictivo idiomático del cubano chambón,
otra guerra florida sin estación.

¿No ves el cuerpo del diccionario
rehuir el contacto y caer en breviario?   2285

Habrá un adjetivo y un amago de adverbio,
o la sombra de un número y de un ciervo.

Un poeta científico, narrador sin cerebro:
una máquina fría como pata de perro.

XLIV

Río Miami

No quedan rastros humanos en la naturaleza,   2290
no importa cuán frecuente el ser humano
se haya impregnado en el paisaje dado
ni cuántas voces y tragedias se hayan representado
en los lugares y en las comarcas demarcadas
por las piedras y las selvas, en los lagos y   2295
en las cunetas, en las rosas y en las estelas:
nada queda humano. No hay nada que leer
en la flojera del aire parapetado y llano,
no hay nada que comience y que se huela,
no hay nada de lo humano en la sorpresa   2300

del árbol y el sendero, ni en la tierra
ni en el plano de donde procede el tiempo.

La aniquilación instantánea y completa
de cada instante es la modesta contribución
de las cosas a la teoría de la ausencia.   2305
La absoluta y total desaparición es
la respuesta a todas las preguntas y la apuesta
perdida de antemano. La continuidad depuesta,
la inercia descompuesta. Todo es una ilusión
en el sentido sensacional, una compuerta   2310
del aquí para *ka*. No hay huella, polvo o sombra
que reconstruya el jarrón y la anémona
que perecieron en el hotel Everglades a tu
vuelta del hipódromo, ni la carrera, ni
la victoria, ni la corona de claveles, ni   2315
las gradas pintadas de verde, sólo la sepultura
en los parajes de una guerra innecesaria.
El río que no se baña dos veces,
o tal vez nunca, en la misma pena.

XLV

Navegación ecuestre

Salvados de sucesivos naufragios,   2320
los caballos son olas de materia
y son el ojo del amo. Sus tendones
son cuerdas de una lira victoriosa,
sus dientes de caballo la rotunda

ratificación de la cábala, de que   2325
no todo es lo comido por lo bebido,
que lo más acelerado muerde, que
una bestia de carga es también una fiera
cuya mordida alimenta la soledad,
una mordida que sustenta,   2330
mientras que el aliento, el morro
y el flanco, como un fuelle que anega
el fuego de las generaciones con su hálito,
es el casco bien plantado que asusta,
su tuntún es el cancionero del destino   2335
repicando sobre las cabezas duras
como adoquines, y la verga es el cetro
de lo múltiple en el secreto, porque
lo equino comunica a dios su leche.
Y la castaña amarga y el heno son   2340
el sustento de los establos. En los silos
hay granos de oro para el sueño del
caballo que llaman Jaque Mate, la
pesadilla de lo abundante que
pare un símbolo en la yerba, el centurión   2345
parado en cuatro patas, como ningún otro
cuadrúpedo osaría confinar su onda
de materia a la Nada. Afincada, su
naturalidad exacerbada da al suelo:
cuando el caballo es cuádruple, se   2350
desprende necesariamente de la fusta del
auriga en el aire la conducción de la vida
por el terreno marcado de la arena,
entre palmeras, circulando el abismo.

MAZEPA:
Vacía es la distancia en contumacia   2355
con lo grueso y lo conmutativo.
¡Salgamos de una vez del tiovivo!
El cagajón despide una veloz fragancia.

El paso fino descalabra la constancia
del devenir, desdentado fruto del olvido   2360
sabrá insertarse apenas en lo consabido:
caballus es el ser, y el ser es militancia.

Escucho agitadores altoparlantes
hablándome al compás de concurrencias,
al ritmo de los truenos, coincidencias   2365
sin parangón. Mis manos galopantes

descubren decimales en la arena:
«¿De qué color era el caballo blanco
de Maceo?» ¡Oh, negro, negro Prometeo, flanco
de lo imposible y son escribible de la pena.   2370

CASQUITO:
Una yegua de circo es lo que cojea,
da vueltas al motor, abre la puerta
de la salvación. La yegua se inserta en el
desfile, su cabeza plateada a la moneda,
caballuno semblante que sondea.   2375
Cara de dios en el portón distante,
la yegua que de pronto desmelena.

PLATTERO:
¿No se dan cuenta de cómo nace un burro?

La temperatura es el roce de lo común y
el fragoroso espasmo del termómetro arbitrario   2380
que con truenos y chispas y simples
elementos estallará en un trillón de grados.
Por las orejas me sale cerumen de fuego, y
en mis entrañas una tumultuosa voz
pronuncia el espacio, que se muerde el rabo.   2385
En un ceremillón de pársecs moribundos,
vuelo… Aunque el segundo ya no sea lo mismo,
sino partícula elemental de espacio y sobra,
borra dando vueltas en la carne de lo caballuno.

XLVI

Sábado en el parque

JAQUE MATE:
Eres el símbolo de todo lo antitético,   2390
de un mundo que renuncia a todo lo demás
en favor del arte. De una política que dimite
en favor del museo. ¡Oh, comisario en
sentido estricto! Tu imagen marcha delante de ti.
Todos y cada uno de nosotros, estigmatizados en ti   2395
y por ti, ¡viejo espíritu reticulado!

¡Un centro comercial allí donde estuviste!
¿Escuchas el arrastrar de pies? ¿El entra y sale?
¿El traquetear de puertas automáticas? ¿El *qué, qué,
qué*…? Todo lo que existe vive de secuelas: 2400
hoy mismo ya no es más que el otro mundo.

¿No ves a la dama del perrito suave columpiando
su lindo piececito, y la cadenita haciendo swing
a las combinaciones del parloteo que produce el ano
entre los árboles del desgraciado parque?   2405

¿Habrá algún genio del lugar privado
que escuche el eco de las camareras
y aprenda a ahorrarle al vulgar futuro
otra honradez violenta, cargada de resquicios?
¿No es lo mismo el ayer con sus señoras   2410
que las caras ajenas de las comadronas
que darán a la luz aún otra aurora?

MAZEPA:
Imagínate una tremenda factoría en
las márgenes del río Miami, con grandes
talleres llenos de máquinas y viejas   2415
cosiendo una bandera interminable, la
enseña de la impotencia, y ejércitos
de costureras doblando el lomo
bajo la aguja de una prisión rodeo
que produzca los objetos únicos y vanos   2420
del placer, del asco y del anonadamiento.
¡Qué lástima sacarte de allí, escribirte y
no dejarte quieto! El quietismo tienta
al cantante, lo tienta a congelarse delante   2425
del micrófono dorado del silencio.
Las puertas se abren y no sales.
Ni la sal, ni el conejo, ni el cuerpo,
sino lo inconquistado. La exhumación no,
lo incontable, lo intratable.   2430

La anemia que carga con el matemático,
la lógica de quedarte en lo incompleto.

PLATTERO:
Al caer el chorro en el agua
se forma espuma, la espuma de goma
que veremos más tarde en el cojín y   2435
en el quanto de goma, el caballito
en la caja, girando y cayendo
sin cuerda en la caja, la arena de
su actividad. Una caja de cigarros
vacía en la arena, la ola llega y   2440
la jala hacia la eternidad…,
Si queda un cigarro adentro, el
individuo se mojará. El papel
mojado, el tabaco húmedo, la
marca de las palabras de su nombre   2445
bajo agua y el alga ocasional que
enrollará el tentáculo al corcho,
flotará en la interioridad de la caja.
Marlboro conoce el baño de Venus
y el infinito, por la interacción de   2450
esos fumadores que van a la orilla
a descargar sus penas, a pensar, a
sentarse en el poyo, a fumar, a
mear en el agua y a arrojar basura
en la playa. Así viajan las palabras   2455
y las algas y muchos otros desperdicios.
El mar está lleno de nuestra basura,
y el cerebro, como un océano, sustenta
la avalancha de cosas desechadas.

Todo desecho tiene derecho a flotar,   2460
a vagar en el océano sentimental. Un carro
robado donde se ha cometido un homicidio:
el muerto yace como un cigarro pálido
en la caja, arrojado al fondo, con su
caja de cigarros fuertes todavía alojada   2465
en el bolsillo del saco, la cabeza ladeada
contra el asiento. Otro hombre mea e ignora
que moja la cara de alguien que deja este
mundo, ahora que el mar es la marea y sus
escombros, que el mar es un cementerio peregrino   2470
adonde algunos regresan en busca de la
libertad, ese atolladero a la deriva.

XLVII

Importantes destellos

Viajo con caballos y no hay apuestas si no hay un premio
final en el cadalso, con una pierna rota cosida a la borda de
un carro hecho con una lancha claveteada a una bañera, si
no hay un engaño y una adivinanza, si no queda nada por
descubrir, si no sabes lo que dices, si matar no te explica,
si la nada no juega en tu novena, si el cuerpo no asegura la
victoria, que en ti deberá ser para siempre, si hablo cabiz-
bajo y entre dientes, si la palabra no es lo que digo en
alto, si nadie nos dijo que las precauciones eran el precio
a pagar en el arte, ni que nuestros baluartes recaerían en
lo predecible, en lo parco, ni que lo extraordinario tendría
que doblegarse ante lo panfletario y seguir su rumbo en el

fango, tener sentido, convencer de algo, o matar la ocasión y pintar el carro de colores claros, cumplir para siempre con lo preordenado, bajar la guardia y comer de la mano, regresar al agua donde nos ahogamos, querer matarnos mientras nos miramos, nadie nos dijo que la vida era aquello que al principio rodaba, lo encubierto y lo estrecho que se nos regalaba, el color de la cama, la sombrilla perfecta, todo era la voz y todo rimaba, he conseguido empezar, a pesar de ello, recuerdo el momento en que divagué sin parar, cansado, muerto entre los tuertos, encontré el repello nuevo de un viejo lugar adonde arribé tarde, *el hogar*, eso que nos daba la gana y las ganas de hablar con tal de explicarnos, el busto, la sábana, te podría contar, aunque últimamente dejé de luchar, es éste el presente, decorar, ¿qué es lo que pretendes?, soy yo, el de la frente ancha, el simio complaciente que dio un paso en falso al frente, vivo buenamente, y sin embargo yerro, o soy una bestia y un negro, y aún entonces me declaro un poeta y un héroe…

XLVIII

Libros decisivos

Marx en Londres
y Lenin en Zurich,
libros esbirros:
avión, doctor, región, pan   2525
talón, escuadrón, selección

natural, el canal del oído,
el postigo, el cuerpo blindado,
la pértiga, los pies desnudos
sobre el fuego, un pañuelo   2530
soplado sale a la luz de
la sala, bodegas tapizadas
de libros, un curso, el cuello
de cisne, la melena teñida
con carbón de chimen   2535
ea, el carbón recrea un
fondo de nubes, una platea,
una batea, signos de la
costumbre, pasos sobre el
entarimado, iniciación   2540
a la lumbre, el terror del
lacayo a punto de lanzar
la primera piedra contra el cris
tal de la memoria. En el
anaquel, comentada, la Historia.   2545
Escucha los latidos del futuro,
el frío ventanal descorcha
sus vidrios y la efervescencia
de la edad engorda, la silla
de la Verdad tendría ahora   2550
apenas cuatro patas y una
cinta de mimbre por cada
nalgada. Virtud de las
salas, libros recogidos en capas,
a veces, arriba, el tomo cuarto,   2555
me escondo detrás de los libros,
un libro es un tronco en
un bosque ancho como

un cuerpo, sirve de som
bra, de párpado, de hoja.   2560

Lenin lee en Zurich y Marx
en Londres: evitaban alzar
se del asiento, el momento
del movimiento llegaría, pero
poco a poco, muy poco a poco.   2565
Anatomía, apoplejía, lo que
lees engorda, baja por el
gaznate como una mosca
en el frío licor del mate,
una mosca aplastada y descom   2570
puesta, como un signo y un
punto, otra esperanza
así rendida, resumida
en notas, tu puñado de
hojas. La política usurpa el   2575
bosque. Vuelve el martillo al
proceso político y el partido
de lo escrito cruje bajo
la bota. Mis pies fríos en
el agua de la prosa, letras   2580
flojas, la madera acuchillada
trae mensajes de escritura.
Tu pupitre da la espalda a la vida.

De la lámpara verde
cae el agua que da juventud   2585
eterna, y me duelen las
piernas.

XLIX

Un puñado de incendios

Un sastre condenado a treinta años,
la baronesa muerta con la cara dura.

Se borra con el dedo lo pasado,   2590
hablo del ahora en un estilo pequeño.

Ellos entendieron, perdieron o cayeron,
pero nosotros somos sus herederos.

Hechiceros a la luz del convencimiento,
el senador cumplió un siglo de desierto.   2595

Esa que nos diste, una vida de perros,
habitantes descompuestos de dos tiempos.

Un ayer, un temblor, un pateado mañana,
corrimos y no llegamos a cubrir la semana.

Reposa la cadera presidencial en una almohada. 2600
Su única cabeza, la detenta cortada.

Los señores son siervos de los obreros,
un bruto sembró un boniato en el tocador,

habichuelas en el segundo baño de lis,
en el bidet azul una mata de maíz.   2605

Ellos antes que otros fueron a la agricultura,

el Presidente de la Cámara de Tortura.

El estado de cosas, la cruz de la mentira,
la patria potestad, la deliciosa brillantina.

Se congela la orquesta y ya no contesta,   2610
las banquetas caen en la palestra

brocadas con estrellas tristes y cometas,
las parejas bailan y el pastor discrepa.

Los banqueros y los actores se han ido,   2615
el mundo es nuevo, plano, fúnebre, movido.

¿No es la obediencia a las deidades de una secta
superior al pecado de creencia?

Por ti el joyero y el carnicero se extinguen,
con ellos morirán todos los que fingen.   2620
Como un cigarro aplastado contra el piso
metimos la cabeza en el precipicio.

Un cigarro provocado arde en el aserrín:
el incendio es principio y, sobre todo, fin.

L

Monstera deliciosa

Una noche escapé de los rigores de tu   2625
educación sentimental, un joven

anticomunista que le habló a la luna
en medio de un campo de caña.
La luz caía en el filo de mi cara.
Escapé de la esclavitud juvenil que   2630
me impusiste, de una prisión con
un central y un trapiche en el centro.
Mientras fui libre, ¡fuego en los huesos!
Escapaba de ti para regresar a tu lado.
Regresar en pocas palabras, envidioso   2635
de tu prosa, pero sobre todo de aquello
que los hombres llamaban tu *poesía*.

Entendí que las iglesias están ahí para
llenar un vacío, mas solo en el sentido estético.
El misterio de las catedrales es turístico.   2640
Hay una buena colina, un sitio prominente,
una oportunidad en el paisaje,
y se lo ocupa, se lo toma, se lo
santifica con cierta obstinación.
En el origen el genius loci descendía,   2645
y el lugar se insinuaba y pedía ser
invadido.

Mira aquella monstera deliciosa
que trepa por el tronco del almácigo.   2650
Quiero mostrarte el parque recién
estrenado. ¡Que tú llegaste aquí
primero, que te apoyaste
en esta misma piedra confundién
dote con las sombras! En el agua   2655
quedó tu cara, la metamorfosis de
la flor preconizada ocurrió en tu

pecho. Te lanzaste al hueco. Tu caída
fue un triunfo, te volviste vegetal,
verde olivo, árbol en un bosque   2660
que no deja ver el miedo.

Quiero pedirte la Verdad
porque a partir de ti, ella
dejó de serlo. ¿Qué pasó a
la certidumbre? ¿O eran tú y   2665
la Verdad lo mismo?
¿Te contagió el parque?
¿Bebiste de sus aguas negras?
Quiero explicarte.

El parque exige caminar solo,   2670
exige cavilar triste, y si traes
una libreta y una pluma, mejor.
Anota tus pensamientos, crea
un diario que lo represente
todo. Busca dentro de ti, mien   2675
tras afuera se acaba el mundo.
Porque el mundo se acaba,
es rápido el asunto. Si no
encuentras pronto lo que estás
buscando se acabará también el   2680
tiempo, y quedarás mudo:

AETERNIS CUSTODIBUS IGNIS QUORUM
SPLENDET OPUS NOMEN OBLIVIO TENET

Nos probaremos ropa con fondo   2685
de música electrónica: aquí

habrá un centro comercial.
Un centro comercial, ¿lo escuchas?
¿Escuchas el arrastrar de pies,
el entra y sale, el motor de   2690
las puertas automáticas? ¿El *qué-*
qué-qué-qué? Todo lo que existe
vive de secuelas, y yo hablo
de aquello que todavía no existe,
de lo que existirá y de lo que   2695
existió y fue destruido. Mas no
de lo que existe.

LI

Carta a la madre

¡Qué pequeños burgueses planean la victoria!
Se casan, se tutean, velan niños y escorias.
A las madres escriben: más de una contesta,   2700
y la letra conforma su escritura modesta.
Lo burgués, enemigo del hombre primordial,
el espanto del hombre es su libro total
de costumbres ligeras y elefantes domados,
de guitarras que hablan en cuarteles tomados.   2705
El mundo es un juguete en las manos del héroe,
esas manos cortadas que nos dieron la Patria,
el color repetido, su misterio y sintagma,
una choza de techo de guano, y en el agua
el cangrejo virtuoso del filocomunismo   2710
practicado en reposo, con carisma sufrido.

Nadie negó las cosas, cada cosa en su sitio,
ni se rompió la rosa del sincero cinismo.
La aventura burguesa es un crimen probado,
hinca su mejoría y quiere ser pecado,   2715
empeñarse en el freno, borrarse del senado,
asumir lo deforme, el juicio apresurado
con que el crimen desea triunfar en lo triunfado.
En la carta a la Vieja, los saludos secretos,
el mal del mediodía que afecta a los actores   2720
en el drama católico de niños enguantados,
buscar a un dios silente o negar su cumpleaños.
La respuesta es un trazo vago, seco y largo:
lo burgués está en ti como un viejo rezago,
asoma en nuevos libros de escritores opacos   2725
y a veces en el ritmo del asma recurrente
y en el mismo concepto del mundo, tu pariente,
caprichoso señuelo que comió de tu mano.
Que traigan tu cabeza en bandeja de lata
para que seas el cuadro pintado por Ovando,   2730
con brochazos enormes, chorros negros de asfalto.
Dios pasea en bicicleta por las calles alertas
sin recibir la nota que despide la letra,
buscando mediodías enfermos, consiguiendo
lo que consigue el frío que tembló en el infierno.   2735
Otra carta estrujada junto a la cama suelta,
cuenta historias de escombros, el signo de la lepra,
abrazados se acuestan los meses separados,
por encima del cielo el mar los ha juntado.
Cubrirás cien mil leguas de viaje submarino,   2740
desigual compañero de las tierras violentas:
un viaje es un espejo tapado con un trapo

por la muerte que parte el cristal ceniciento.

Hay un baile, una novia, un balneario argentino,
quince dólares nuevos para comprar la trusa   2745
que lucirá en el cielo. Una pipa de tusa
ya cuelga de la boca cerrada e inconclusa.
Va inventando una saga de enfermedades graves,
pinta cruces gamadas, bullas encristaladas
cubren conversaciones, cangrejos en su punto,   2750
el almuerzo, la caza, la terraza y la llave.
¿Te encontrarías, querido, en este viejo mundo,
ornado y sancionado en tribunales altos?
¿Pedirás tu cabeza en tu propio cadalso?
Están aquí tus padres, sentados a la mesa,   2755
y en la esquina rosada, tu parentela inglesa,
los irlandeses rubios de las revoluciones,
el fracaso en el mate, el ojo que descubre
un laberinto incierto en un jardín siniestro,
la ceguera de Castro, la ceguera de Borges.   2760
Todo es simple, el buen gusto servirá todavía
en la muerte, en el lodo, lo burgués te doblega,
llaga negra de yodo, otra herida en la oreja.
Que fueras un artista, que encontraras pareja.

Ese suave burlesco del pequeño pedrusco,   2765
el ansia trovadora del viejo trotamundos,
contradicen la rabia en el culo del mundo,
tú buscabas el centro, tu viaje a lo profundo
tenía como meta el teatro o Facundo.
Romper con la silueta rezagada y escueta,   2770
la zanja, o lo que fuera, pisotear la bandera

con tal de abrir la sangre a la tela señera
y permutar el rojo en celeste incesante,
doblegarte al antojo de lo más acuciante,
ondear en la azotea, cubrir el catafalco   2775
de unos huesos rodados, ambiguos, hechos talco.

«Viejos…», yo hubiera sido un hijo predilecto:
antes que un hombre bueno, mejor un niño malo.
Yo soy el niño malo. Soy el hijo rebelde
cuya primera guerra fue en contra de la suerte.   2780
A mi madre violé en su lecho de muerte.
¡Oh, tú, hijo burgués, orgullo de tus padres,
ya juramos por ti con la mano en la frente!
Yo fui bestia, ladrón, una puta indecente,
superé lo burgués dando el pecho y la mente.   2785
Me cagué en la ciudad, yo escupí en la cantera,
dada tu cortedad, fui más que comemierda.
Un imbécil y un asco, me cortaron la pierna.
Yo fui mujer, borracho, guerrillero en la pena.

LII

Coffee & Donuts

El redondo amanecer del *coffee*   2790
preñado de la forma que lo emana
abrirá un boquerón en la mañana.
Se inocula el brebaje fuerte,
hay líneas paralelas, ¡que despierte!

Quizás un exceso de paseos te trajo   2795
hasta aquí, el deseo de conocerlo todo,
la nieve de Cochabamba, la excursión
en esquí, los *holidays* tomados a la
larga, un espectáculo reflexionado
en ventanillas, la tirada de leguas   2800
en pos de lo inasible, que marean
y forjan, haber subido al carro,
la curiosidad filistea por lo suizo y
lo primitivo hicieron de Miami otra
parada en tu inmenso viaje, como el   2805
Congo, Argelia, Tepoztlán o La Paz o
la oscura quebrada donde te quebraste,
perdido el rumbo en la bifurcación.
Fue el sendero. Quizás tu padre sea el
responsable de tu muerte, educando.   2810
La enseñanza burguesa, una bien fundada
formulación de lo incipiente, los mínimos
vectores que proyectados sobre el plano
y la variedad, dan una idea del mundo
como representación, la vida como paseo   2815
e insinuación, otra manera de arribar
a los lugares tomándolos por asalto. La
incapacidad de presentarte corrientemente
te obligó a dinamitar los palacios donde
otros duermen. Me alegro de no ha   2820
berme quedado detrás lo suficiente
como para haberte escrito un poema.
Porque mi destino era comerte,
hablar de ti con la boca llena.

LIII

Interludio con echevarias

Las ranas cantaron alto en el parque   2825
y Satanás abrió las manos en señal
de peligro, sabiéndose solo, en pañales
entre beodos. Un círculo abrióse,
un portal de roca coralina que contenía
una orquídea africana. El pelo largo   2830
de la gonorrea escribió en el fango
el nombre del atleta, y en el gallinero
se oyó un jilguero. El senderito de
piedras pintadas, troncos abominables
de palmas teñidas de cal, frígidos   2835
barrotes en una cerquita, cocos aburridos,
secos. Grullas, íbices, cangrejos y macaos.
Un chancro encendido late entre las
ramas como un diamante. La holonomía
de los troncos, su transporte paralelo   2840
que trasciende el tiempo. Los Erotes
calientes rebañaron a los puercos. Un río
sangreado corrió en vagones por los muslos.
Redondeles de telaraña coronaron tu
frente y las de tus ancestros. Cómodos   2845
bancos con tablas negras particularmente
ajenas entraron por el ojal forrado para dar
la impresión pasajera de un juego de pelota,
completo en el impulso bucólico de la bota.
No conoceremos nada de lo sucedido entre las   2850
arecas. Diez mil metros cuadrados de césped

desconciertan el mármol en lo sincero. Urge
abandonar la brevedad y posar desnudos.

El césped donde Príapo busca su cantero.
Con renegrido pantalón escucha desde el agua,   2855
frotándose remojado para arrastrar el frondoso
frontispicio de calas. Frutas escritas, conjuntos
de batracios y mosquitos parodian un concierto
clínico, o el sínodo abreviado de pies en un charquito.
Entra el bujarrón de los tarros de oro. La echeveria   2860
goza enredada en los bajos, en el crujir secreto de
sus pantorrillas. Trepa por sus sobacos la hiedra.
La humedad general del parque agota el confín
meteorológico y los partes del tiempo reblandecen
el glande marrón de Príapo, que se acuesta en   2865
la arena cubierto de estreptocarpus rojos.
El rabo de burro cae en racimos desde macetas
oficinescas, los filodendros encubren un ojo
negro abierto. Por sus pencas perforadas, alguien
cuelga la verga. El tronco familiar, las yucas   2870
amulatadas, el alarde mitológico, el soplón
violáceo en la carne estrellada, la serpiente
amaestrada en el árbol de la Ciencia, el ron
de centellas que destila la noche en la botella
rota de un rascacielos. Un pájaro picotea   2875
salchichas. El amor entre árboles entrelazados.
En la pared incomprendida caen las sombras.
La procesión de Eros con pencas de guano, ramos
de caladiums grises con manchas blancas,
begonias blanqueadas abriéndose en los   2880
testículos, una barba de musgo en la cruceta de

una rama penetrada, el plátano de tronco
agujereado y preñado que pare a Dioniso
con una campana de oro en cada mano.

No estábamos hechos para la noticia   2885
que encuentra el rabo abierto en la parada.

Hay algo general en las butacas,
y un único acordeón materializa

la rumba pederasta en la floresta
por donde pasa el sol de la conquista.   2890
Hay una dicha en rosas escupidas
que choca contra el oro fidelista.

El maricón apesta: la visita
de nuevos traficantes te despierta.

No existe lo pequeño en la floresta,   2895
hay una dignidad existencialista.

Los barcos ofendidos. El contrapeso
que llega con las olas y los miedos

sigue clavado, o se cae del techo
como gota siniestra, dando el pecho   2900

a lo hecho, al sol, al niño paridor,
al espanto y al error. El cerco es lecho.

En un parque de horarios clandestinos
en el centro del mundo, descubierto,

es el Tlön, Uqbar, el Orbis Tertius   2905
adonde llega la vieja Medicina.

¡No te asombre lo nuevo, lo imperfecto,
recobrando la fuerza vaticina

el claroscuro en la floresta nuestra,
los trabajos forzados, la letrina!   2910

LIV

Ruleta argentina

No la ruleta de Tropicana sino la
lotería que hizo que nos tocaras.

Lo que estaba formado paralelamente,
la hinchazón del bosque bajo los
pies de cristal de este jardín municipal,   2915
pequeño paraíso donde te movías
en espera de la reparación (*del avión*).

Cuyo motor falló y «hubo que esperar
sentados unos días». Esos días
fetales de los que te canto, ¿los podrás   2920
olvidar acaso? Cuando los cubanos comen
zaron como pájaros estrellados contra el
firmamento a caer en masa, ¿recordaste
tus días en el Parque de las Torcazas donde
hubo una Biblioteca de mármol superado,   2925
donde estudiaste la prosa de los magos

[«…a las casas se entra por la cocina…», *De los llamados apartamentos sellados*]?

Clausuraron Tropicana pero el peligro   2930
continuó abierto. Porque hay una debacle
y una podredumbre que entra por la
ventana y se presenta, no como una joven
rumbera

no en el escombro de las lentejuelas, ni   2935
en los leones sueltos sobre el escenario

ni en las mangas espumosas de los *partenaires*
sino en la blanda musicalidad de tu carne

tan lenta y corta, transida por la cera   2940
del puño hundido en la caja torácica.
Del cerquillo sobre la ceja.

Tu ombligo es la rueca del mundo.

LV

Mi herma

Herma es un montón de piedras que tomó   2945
la forma de un falo. Arrojábamos piedras
en la intersección. Cuando era túmulo,
cuando piedra sobre piedra en cúmulo
formaba una lomita de pedruscos,

dímosle forma en números etruscos.   2950
Alzamos una columna a Latona,
la misma variedad de belladona
alargaba sintéticos tentáculos. Tupidos
pajarracos picoteaban la punta.
Alguien pasó de largo con la yunta   2955
y arrojó otro canto a lo incontable.
Quién quita que tal vez alguien le hable
y que el cono de piedra le responda.
La misma piedra que lanzó la onda,
ahora es imposible que se esconda.   2960
Lo hermético es un triple sinsentido.
La cubierta cabeza, la nudosa certeza,
lo que cambia la suerte y el tropiezo
que divide y hace caer. Confieso
que esta herma deberá ser el   2965
fundamento de una nueva angustia.

LVI

Cargado en brazos

En tus brazos cargados
de especulaciones
quizás el encerado   2970
refleje al gato
antes mencionado.

En tus brazos cargados
de joyas e ilusiones.

Entre los sortijones,   2975
las especulaciones.

En tus brazos cargados
de nuevas orientaciones,
lo curvado responde.
Es escueto lo dado   2980
a especulaciones.

En tus brazos, cargado,
aquel joven soldado
temeroso del mundo   2985
pensará en lo que abundo,
los burros enterados
o los frutos sin rumbo
que discrepan del suelo
al caer los pañuelos   2990
marcador de cizaña
y de especulaciones.

Estrato; lo inconexo
estallará en tu seso,
el dios de los museos   2995
en sus brazos cargados
de especulaciones.

¡Oh, las frías regiones
del arte sin regreso!
Seré yo tu progreso,   3000
un mundo y un estado,
con los brazos cruzados
de especificaciones.

LVII

Pájaro incierto

¿Cuántas veces el pájaro
abre las alas al volar   3005
en el viento por encima
de tu cabeza? ¿Cuántas
veces las cierra?

¿Cierra los ojos o ve
el paisaje abajo? ¿O   3010
es el paisaje lo de
arriba y considera
el cielo el suelo?

Cuando grazna, ¿es el
graznido de lucha   3015
o de dicha, o en el ala
guarda el grajo su ramo
de olivo, congelada
sonrisa de la pluma?

Y ¿es el pino su búnker   3020
y su Reichstag claro,
entre los soldados
rasos adosados
a las patas del ciervo?

¿Cubre la corneja   3025
a su vieja en las tejas,
o la cebra al cerebro

exacto del conejo?

Y lo que se pierde
lo que arde a lo lejos,   3030
los secretos espejos
del espantajo verde
sin nada que concuerde,
el catalejo al revés
del tiempo, lo violento   3035
a favor del viento
contra el pecho del faisán,
y el arroyuelo seco
que corrió por aquí,
¿no volverán? ¿No   3040
buscarán el modo de
escribir? ¿No encontrarán
en el diario combatir
lo que encontraste tú,
con o sin sentir, lo lamen   3045
table y lo baladí, el
simbolismo crudo
del parir que espera
desnudo bajo el velludo
césped del existir?   3050

LVIII

Pista en la tumba

En la tumba debajo de la pista
hay una gran pirámide invertida.

En la tumba debajo del asfalto
hay un ejército de incrédulos testigos,
hay mulas de barro, sólidos principios,   3055
botas de bronce y una elegía
donde se reconocen coincidencias.

Hay una vieja que parió un peligro,
hay un héroe sin manos derretido,
hay una novia con un espejito,   3060
hay soldados cubanos renegridos,
hay casquillos de balas en la mente,
hay un saco de azúcar y hay un puente
que lleva del balneario al infinito.

La ciudad de las redes es Miami: 3065
pensaste quedarte un día y te quedaste
para siempre: una eternidad y otro poquito.
Compraste una bufanda y una trusa
para esperar sentado el veredicto.
Se cumplió en tu columna de granito   3070
el verso de la tarja. Los peritos
te buscaron, cadáver exquisito.

En la tumba debajo de la pista.
En la tumba de todos a la vista.
En la tumba del Cristo comunista   3075
yacemos también nosotros y tus hijos.
En la fosa que goza hay una aeromoza
para servirte y celebrarte siempre.
Jimmy Roca construyó tu mausoleo
de periódicos viejos y entrevistas,   3080
un museo de cera con un Batista

modelado en sueños y legajos.
Hoy tu tumba es su avión, es un relajo.

Despegamos, pero jamás llegamos.
El camino de asfalto es todo lo   3085
que era: un abismo y una carretera
que se deja montar sin ir a ningún lado.

Una pista te encubre, es un milagro,
te reduces a nada en la cantera.
La ciudad te ha tapado con su tierra.   3090

LIX

Rapto del paisaje

PLATTERO:
La profunda hendidura del espacio
en forma de montura se deleita.

Cruza la curva, el moño que se afeita
en finas manecillas reconecta.

Avanzamos de espaldas; el futuro   3095
vive enterrado al fondo de la puerta.

Dentro del sol, un asno; la cubierta
del ojo y el espléndido camaleón

recorriendo el terreno y el sonido
se abre debajo, descubierto el nido   3100

donde la vacuidad ha puesto un huevo;
la paja es el secreto de lo nuevo

y el cero nominal en el espacio
contiene átomos en el palacio,

el Estado de Infierno y el Cupido   3105
que lanza su flechazo a la Prudencia

y es por eso dador de la indecencia
pues el sueño se gasta en lo escondido.

JAQUE MATE:
La desnudez del tiempo ya no cuenta.
El espacio es en forma de alcancía,   3110

su rezago o su pura plusvalía,
invento de universos de cabeza.

Quién sabe dónde acaba o dónde empieza
el mundo en sus pedazos destructores:

cayendo como nieve en los tractores   3115
avanzo en calculadas boberías.

Abriéndome los ojos mis mayores
me avisan del peligro. Todavía

hay espacio delante, especialmente,
cuando el doctor enfrenta su utopía.   3120

MAZEPA:
La patada del tiempo,
el zumbido del viento,
el hijo parturiento,
la mitad del aumento.

Hay un caballo alado   3125
que raptará a Cuba.
Una bruja desnuda
en el lecho calado.

¿Ves el caballo blanco?
¿Ves el caballo viejo?   3130
¿Ves el caballo ciego?
¿Ves el caballo franco?

La lleva a la cultura,
remonta un río ecuestre,
raudo Contramaestre,   3135
desbocada locura.

El caballo es profeta,
la desvirga en silencio.
Es el oso Prudencio.
Ella pierde una teta.   3140

Las olas perorantes,
el discurso del cierzo.
Comparten un almuerzo:
son dos pencos amantes.

Alado rocinante   3150
preñador de naciones.
Almidón de pasiones
da su miembro gigante.

Cuba estira la pata,
alza el culo hacia el cielo: 3155
dios será su modelo
y el demonio su errata.

El revolcado césped
despide florecillas:
un coito entre comillas.   3160
¡Acolchonado huésped!

La revolcó, la amó,
la vivió, la saló…
Las pezuñas entierra
en blando quimbombó.   3165

Volcánicos dolores,
paridora de patos,
le arrancó los zapatos,
restañó sus terrores.

Young Cuba entre las flores: 3170
el Caballo la aprieta,
enfundó la chaveta,
sus bolsas de valores.

LX

El Verbo con Partido

Yo no sé qué busqué en la Biblioteca,
tal vez el Verbo, el nombre «guerrillero»,   3175
hablar los dos, los mapas, la vivencia,
el *Libro del Arroz* o *El Che y la Ciencia*.

Resolvimos jugarnos la butaca,
cuerpos fríos guiaban mi estocada,
cría de cuervos en granjas reubicadas: 3180
De los cuerpos en mesas repujadas.

Así, de libro en libro, de palabra
en palabra llegué a hacerme el bueno.
Encontraba la música en el trueno
y un poema romántico en las balas.   3185

Bajo tu avión dormí desencantado,
evitando volverme un carpintero
que escondido juzgara los aleros
de tejados cubiertos de pomada.

Un mudo sucesor organizado,   3190
del método según lo duplicado:
soy siempre doble nueve deslizado
en la larga secuencia recorrida,

la mesa de billar es mi medida,
su comezón de juegos, para nada: 3195

escribir en el fieltro con tizones,
abrigar esperanzas traicionadas.

Solo entiendo de nudos. Las pesquisas
que busco resolver (clasificadas
angustias, convertidas, derivadas),   3200
nunca saltan del ojo a las caricias.

Porque allí donde aviento una revista
en el polvo incendiado de la hoguera,
donde el diablo izará nuestra bandera,   3210
solo queda tu cuerpo desteñido.

La victoria del ser pagó en olvido
al que quiso librarse de la tea.
Tocó acordeón el gaucho que berrea:
un terror nuevo, largo y repetido.   3215

Referencias

Los pasajes que aparecen a continuación sitúan al Che en Miami, al final de su primer viaje, entre julio y agosto de 1952, y a Miami en el Che, en el itinerario del turista y en el discurso del demagogo. Asimismo, las citas dan una idea del parque y de la biblioteca que frecuentó, y que yo merodeé años más tarde, antes de que fueran demolidos para dar paso a un *shopping mall*.

1. «La escala en Miami no generó mayores recuerdos; duró treinta y pico de días y fue la única estancia de la vida del Che en los Estados Unidos, junto con su tránsito por Nueva York y Naciones Unidas en diciembre de 1964. Al respecto contamos solo con el testimonio de Jimmy Roca, con quien Ernesto pasó esas semanas en el balneario de la Florida. Roca era primo hermano de *Chichina*, quien le proporcionó al Che su dirección en Miami, junto con quince dólares para que le comprara un traje de baño. Según Roca: "Durante ese tiempo compartimos la indigencia de la vida de estudiante que yo llevaba. Nos pasábamos tomando cerveza y comiendo papas fritas; no había para más". Como el Che confesó a su amiga Tita Infante, de regreso a Buenos Aires, "fueron los días más duros y amargos de su vida"». [Castañeda, Jorge G. (1997): *Compañero, Vida y Muerte del Che Guevara*. New York: Vintage Español, p. 82].

2. «El 26 de julio, Ernesto abordó el avión Douglas que transportaba una carga de caballos de carrera con destino a Miami. Sin embargo, a su arribo, el piloto descubrió una falla en los motores: tendrían que hacer una parada por reparaciones. Pensando que sería cuestión de días, Ernesto fue a quedarse con un primo de *Chichina*, Jaime "Jimmy" Roca, que estaba en Miami terminando la carrera de arquitectura. Roca estaba tan corto de dinero como Ernesto, pero había hecho un trato para comer fiado en un restaurante español, hasta que pudiera vender su carro. Las comidas de Ernesto fueron añadidas a la cuenta.

Como las reparaciones del avión se demoraban más de lo anticipado, y mientras los días se volvían semanas, los dos jóvenes se dedicaron a pasarla lo mejor posible, dada la escasez de efectivo, yendo a diario a la playa y vagabundeando por la ciudad. Un camarero argentino del restaurante español les daba un poco más de comida, y otro amigo de Roca, que trabajaba en un bar, les proveía cervezas gratis y papas fritas. Cuando Roca se enteró de que Ernesto todavía tenía los quince dólares que *Chichina* le había dado para que le comprara una bufanda, trató de persuadirlo de que los gastara. Ernesto se negó. *Chichina* habría roto con él, pero Ernesto estaba decidido a cumplir su promesa, y a pesar de las súplicas de Roca, compró la bufanda.

Finalmente, Jimmy consiguió que Ernesto ganara algún dinero limpiando el apartamento de una azafata cubana. Pero esto acabó en desastre; Ernesto no tenía la menor idea de cómo limpiar apartamentos, y enseguida la azafata le pidió a Roca que no lo mandara más. En vez de limpiar, Ernesto había dejado el lugar aún más sucio. No obstante, Ernesto le había caído bien, y ayudó a encontrarle un puesto de lavaplatos en un restaurante». [Anderson, Jon Lee (1997): *Che Guevara: A Revolutionary Life*. New York: Grove Press, p. 93; mi traducción]

3.   «Poco tiempo después yo enviaba dinero para pagar sus deudas en Caracas y mi hermano Marcelo le mandaba un pasaje para que viajara en un avión que transportaba caballos de carreras desde Buenos Aires a Miami, avión que debía hacer escala en Caracas. Ernesto recibió el dinero y apenas llegó el avión, se instaló en él y partió rumbo a Estados Unidos…

Allí el avión debió quedar solamente un día y volver a Caracas para regresar a la Argentina; pero en Miami el capitán de la aeronave decidió hacer una revisión a fondo de los motores y encontró que uno de ellos tenía un fallo serio. Hubo que componer ese motor. El arreglo duró nada menos que un mes y Ernesto se quedó varado en Miami después de haber gastado todo el dinero que llevaba, quedándole solo un dólar en el bolsillo.

Se vio en apuros para poder sobrellevar treinta días con el exiguo capital de un dólar que tenía. Se quedó en una pensión comprometiéndose a pagarla desde Buenos Aires, cosa que hizo.

A su regreso nos contó por las dificultades que pasó sin dinero. Con su amor propio exagerado no quiso avisarnos. Decía que casi todos los días iba desde la pensión, que estaba en plena ciudad, hasta las playas veraniegas, haciendo el trayecto a pie de ida y vuelta, pues rara vez encontraba quien lo llevara. Si mal no recuerdo, la distancia que tenía que recorrer era de unos quince kilómetros; pero lo pasó muy bien, se divirtió todo lo que pudo y conoció Estados Unidos, aunque no fuera más que una pequeña parte. Una vez arreglado el avión se embarcó de vuelta». [Guevara Lynch, Ernesto (2000): *Mi hijo el Che*. Barcelona: Plaza & Janés, p. 362]

4. «Todo se complicó en Miami. El avión demoró en salir para la Argentina. Ernesto se pasó más de un mes deambulando por el Biscayne Boulevard, cerca de la biblioteca. Estaba preparando las asignaturas de Medicina de que se iba a examinar en Buenos Aires. Mientras tanto se ganaba la comida limpiándole el apartamento a una cubana que trabajaba de stweardess. Por fin perdió el avión y el Departamento de Inmigración tuvo que repatriarlo». [Ortega, Luis (2004): *¡Yo soy el Che!* Sevilla: Renacimiento, p. 30]

5. «Fue en casa de María Antonia, una cubana que vivía en México, y que ayudó mucho el movimiento de Fidel Castro, donde conocí a Ernesto Guevara de la Serna, al que después todos le decíamos "Che". Al principio la gente le decía "El Chancho", porque al hombre no le gustaba bañarse, no me gusta hablar de cosas personales pero el hombre tenía siempre un olor a riñón hervido que le rompía las narices a cualquiera». [Miguel Sánchez «El Coreano», citado en *Guevara: Misionero de la violencia*. Instituto de la Memoria Histórica Cubana contra el Totalitarismo, p.42, Miami: Ediciones Memoria, 2008]

6. «En Miami, en cambio, se ha sacrificado todo sin recibir nada: se ha entregado el culo en el más detestable acto de mariconería que recuerde la historia cubana». [Carta del Che a René Ramos Latour, diciembre

14, 1958. En Franqui, Carlos (1976): *Diario de la Revolución Cubana*. Barcelona: Ediciones r. torres, p. 362][2]

7.   «Some years ago she knew Ernesto Guevara, at that time an untidy man pushing for a place in society. "He was very *macho*", she said, "like most Argentine boys, but I never thought it would come to *that*"». [Chatwin, Bruce (1988): *In Patagonia*. New York: Penguin Classics, p. 5]

---

[2] «In Miami [they] proffered their ass in the most despicable act of buggery that Cuba history is likely to recall» [citado por Anderson, Jon Lee (1997): *Che Guevara: A Revolutionary Life*. New York: Grove Press, p. 93].

Palabras a la tribu

[2014]

Escrituras

Oh! Blessed rage for order.

Wallace Stevens,
«The Idea of Order at Key West»

Idea del desorden

2.

Después del alga viene lo desierto
escuela de pescados voladores:
un cúmulo comienza por el cero
y el cielo es nuestro viejo cocotero
que espera por las olas sin espejo.

Nuevos cangrejos bajan a la playa.
El desorden de huecos a la vista
lo que es polvo y arena trajinada.
La cifra de los granos está en mi alma.

3.

El secreto período
que en el marrón
supura o la
melena

hecha de claras
batidas, el peróxido,
la cáscaras cruzadas.

Sensación del azogue
devenido en el ojo
enredadera,

el pino flojo
hundido en terciopelo,
el paraíso y
detrás, el
espejo.

Fango a la vista,
es el manchón
del fondo y
la almohadilla del talón
de Captain Morgan.

Sales de plata
corroen los pigmentos
empinados.
Cubren aristas,
ceños, escorzos,
mitologías del entorno.

No mirar, dar
la vista a otro nombre.
Fijar sin prisa
la mano en la
humedad de fuego.

5.

Un árbol entre dos muros,
las hojas cubren los muslos.

La parra toca
la verde cabellera,
encortinada a la hebra.

La frutilla profunda y
salada, apretujada
entre los dedos que da
hambre. La casco con
los dientes, la besuqueo
entre los cuescos. Da leche,
una gota al pedúnculo
resbala. La grieta da
una parra y la sombra
encalla en la mirada.

7.

En las hojas jaspeadas
el viento ramifica su jugada.

No hay mundos sin el mundo,
ni palabra prescrita sin palabras.

El bien se esconde en la enramada
y el cuerpo recibe lo que esconde.

Su piel morada cambia. El monte
recostado al césped seco.

Los muñones de robles
escriben tropezones. El sendero

termina abruptamente
en el desorden.

Un pez en el sombrero.
El cuerpo del albatros

es de un gris traicionero.
En las olas jadeantes

el ojo se escabulle,
pesca al gusano ciego.

El faro en la distancia
ilumina el problema.

La vía húmeda

Cuando dejamos los remos
las manos eran huecos.

Al nadar, la marea chocó
contra un muladar de espejos.

Una torre encendida a lo lejos,
y unos pájaros raros y viejos.

El barco tropezó en la arena,
una grulla pedía limosnas

y una bandera anunciaba allí:
¡Pies mojados, pies secos!

El espejo aulló (era sincero)
y su grito se oyó en los infiernos.

(La lluvia cae como un trozo de hierro
que se hunde en los tuétanos).

Pies mojados que esperan
por la medicina de lo seco.

La algas resbalan a veces
por la espalda del tiempo.

Un pez engulló una sombra,
reflejó un rascacielos.

A lo lejos, un cadalso
acostumbrado al embeleso.
Una vela cosida con tripas de perros,
con cadenas y cuerdas y cencerros.

Un mensaje cansado, cifrado y luengo,
decía: «El mar camina, camina

por caminar… sin poner
pie en lo seco».

Himno infantil

El pueblo recibe una nalgada
como un niño el jabón
en la oreja. La camisa por fuera
las rodillas raspadas
y la caída a tierra.

La mirada que el niño
bajo sus verdes ojos
fugados
hunde en la careta:
el color manido del fuego
las hebras de los puños
en la nalga marcados cinco dedos.

El jabón en la oreja. Alto
abre la boca el arrodillado.

Un salivazo baja desde lo alto,
cae en la escalera de piedra.
En el piso, el niño se agarra
de las piernas. (El que mata
callando sabe que se aberra).

El niño arrodillado
mira al cielo estrellado.
Ve el ceño cruel
y el brocal del momento.

¿Quién convoca a la luna
en la piel de unos zapatos negros?

Son barcas de charol amarradas
a la orilla del cuerpo. Zambas
extremidades, los remos.

Alza la patria, el suelo.
El pueblo bajo recibe la nalgada
y el salivazo va por dentro.

Esquela

Escribe con tubos de luz fría un himno
—su paleta contiene barro, sal y miel—
con esto y con lo otro abarrota la tela:
el reino de las apariencias en el papel.

Dios recomienda los platillos clásicos
una calabaza guarda el mejunje sagrado
las cosas deletrean afirmaciones falsas
las falsas tuberías hablan hoy a las almas.

Con tubos de luz fría bajo el repecho azul
de un cartel con dos dioses en perpetua
pelea, titánicos rigores del amanecer:
el cartel cae de lado, y abajo, sin saber.

Los dragones de caldo, el humo dibujado
en rayas que despiden un aspecto concreto.
¡Oh, las alas del pollo en pintura caliente
la cabeza cortada, las tijeras y un diente!

Desde las azoteas, banderitas plateadas
una línea de triángulos tañidos o cerrados
los ripios de manteles caen, o cabecean
y un perro marginal escribe donde mea.

La música también habla por señas
se levanta la saya para enseñar las letras.

Debajo de la calma hay un bulto de seda
debajo de la seda una simple guadaña.

En los tubos del alma desespera la duda
con el gas fluorescente devenido silueta
si resbalan las luces en la misma vidriera
chocan contra el cemento y el hielo y la cometa.

De hielo son las letras y el mensaje gigante
que todos entendemos de distinta manera
un pequeño regalo para la primavera:
en los ojos el carro de lo incipiente llega.

Super Estar

El ser es el *star* de los gases,
de las grandes catástrofes.
Gimiendo el polvo nace,
la estrella compila
núcleos y vorágines.

Cuando todo revienta
el cielo rueda
en el vacío, y si
por la centella corre
tu nombre,

entonces lo de arriba
será como lo de abajo.

¡Bravo, inconsciente,
que recibes el seso
y a él te acoges
por la ley de la suspensión
si en la distancia
el pulsar de la noche
te delata, y el ser
escoge tu nombre:
star!

Fall

Con la brusquedad de un borracho
que cae de cara en la barra
el tiempo cayó en el otoño.

Como el náufrago que
se aferra a la piedra
el verano quiso
salvarse.

Pero las hojas cayeron
en el lago como la
lepra.

La salud del sol
que pujaba y bramaba
decayó en una fiebre
mayestática.

El tiempo, del color de
la cera, entregó la muñeca
a las horas sedientas.

Pájaro, piedra, poeta

Una piedra alcanza
al pájaro y la pedrada
es poesía.

Cuando lo observado
deja de volar, cuando
se vuelve una escala
de valores y cada
pluma alivia
un dolor,

el ojo es
una cruz. (Los que
adoran la cruz
son los poetas).

En las cavernas
la magia estaba
al servicio de la muerte.

Esos bisontes
esos toros tectónicos
son primera escritura.

Puedo ver las antorchas,
y el cementerio de palabras
en el techo. La primera

manada, la primera
conciencia. El encuentro
del tizón y la ciencia.

Poema

Pasa como un ciclón
esta sustancia juvenil
que emana el odio.

Me impone discurrir.
Tomo el café y la boca
interior toma veneno.

Miro ventanas apedreadas
que saltan en añicos.
Mirar no es en esencia lo
que fue en otra época.

Ahora las turbas cargan
con el diablo, hablan
por fotutos. La cucharada
caliente yace en la mesa, o
en la playa, al corriente.

Seré vidente. Moriré
para adentro.
Como un ciclón he de
girar en el centro del cemento.
¡Con lo que fuera! Afuera
siempre nos parece ideal.

Los monumentos,
los alimentos,

pero la piedra es estatal
y el cemento está muerto.

Los trilladores tomaron
el poder de los granos.
El compromiso es de viento.

¿Por qué el miedo intenta
parir (las piedras aciertan
el pedestal) un
muñeco de mármol?

¿Por qué el río circunda
la ciudad como una sierpe
enredada y vieja
cuya mirada ausente cruje?

¿Por qué la cruz da cara y brazos
a quien juró no creer?

El policía de la juventud,
de las catástrofes escritas,

depravada de libros,
numerosa en direcciones.

Apariciones públicas

La imbecilidad que el sueño
escribe en tu lengua.

El consulado del sol y
la saliva en un astro descreído
que navega en las cumbres.

El ciclo de tu penumbra,
barbilla que rueda en un lago
cruzado por el barco del inconsciente.
El dedo cogido a la funda,
y el dedillo a la almohada.

La inmaculada decepción
de tus sueños abiertos como
frutas maduradas en invierno.
El pelo movido y el ojo
atrapado dentro del fósforo.

Todas las estrellas del cielo
no contadas aguzarán sus puntas.

El gorro de mago que la noche encaja
sobre tus ojos. Los sucios relojes
electrónicos acumulando
polvo de números rojos,
a punto de dilatar tus sentidos,

de saltar los cerrojos del sino
con el timbre mojado del azoro.

Sin título

Te sentaste a escribir en la libreta de mamá
y escribiste una épica en diez partes distintas.
Había una vacapinta oriunda del arroyo,
un perro vagabundo se lamía las llagas bruscas.

Montaste en las piernas de mi madre. Abriste
el cuerpo suyo con fuerza destructora y fría.
Aceptaste la anécdota de mi desprendimiento
como un óvulo o cápsula desde un útero lego.

Abrevaste en la sarna de sus cabellos negros,
comiste tasajo de aura y colmenas y tocino.
Besaste los labios delineados con tizne azul y pelo.
Penetraste su montecillo de berro silvestre,

el olor a keroseno, los cuarteados dedos gordos
que recorrían las tablas en busca de recursos.
Las tripas anudadas dieron comienzo al miedo:
si nacer es mi sino, el cine es mi destierro.

Le tomaste las manos en la escena de cacería,
los pies se combinaron, se torcieron debajo
de la luneta última, comida de gorgojos,
donde el soldado raso vio la película de Spielberg.

Tras cortinas de terciopelo, divisoras de esferas,
inyectaste la tetraciclina en tu pierna de caballo

enganchado, en la zona cercana a los espejos,
con las lámparas cojas que despiden soslayos.

(Conmutado el noviazgo y el ramo de amapolas
por un poema epónimo, pantagruélico y pésimo).

Sueño

Estaba en el Gran Mercado de Bengasi,
entre palmas, harenes y gente que pasaba.
Un sol martirizado reía en las retinas,
los velos retrocedían en la muchedumbre.

Era un día raro, como otro cualquiera,
como son los días cualquieras en un sueño.
El mundo recibía su consuelo pequeño,
había un toro alado que uno no veía.

Las vírgenes rogaban debajo de los velos,
los cabellos ocultos por la sombra cerrada.
Un arma blanca esperaba para cortar un cuello
y abrir una zanja de dios en la garganta.

Explotó un carro bomba, el hierro voló en pedazos.
Pensé que las masacres antiguas deseaban
mucho por dejar (las palabras fallaban).
Mi alma forcejeaba en el Gran Muladar.

Pero, he aquí que dos jóvenes se acercan a un tercero.
Éste tiene ojos grises y un aspecto sincero.
Aquellos van vestidos de negro funerario. El cerebro
me dice que ese joven ha cometido agravio

contra la letra escrita del Gran Poder divino,
y los otros se acercan con un paño de lino,

teñido de marrón, con letras musulmanas.
Veo que es una bufanda de tela del Oriente.

Estoy dentro del tumulto, en un río de gente
cubierta de pies a cabeza con burkas doctrinales.
Los dos que se aproximan adonde está el hereje
enredan de su cuello la bufanda mortífera.

Aprietan, cada uno halando por las puntas,
hasta que el otro pierde el aliento de Vida.
Pero antes, veo su lengua, el brillo de sus dientes.
Expira en el costado donde el sueño termina.

Hic et Nunc

Ahora que conozco mi alma
y que regreso de tantas intentonas
con el escudo del agravio bajo el brazo;

ahora que escribo mis líneas descar
tándolas de antemano; ahora
que la mano tiene su propia historia
que contar, y que el cuento
no encuentra a nadie a quien creer.

Ahora que descendí a la hora
designada en los catálogos como de «sombra»
y de «desvelo»; ahora que estamos
parados aquí sin conseguir
una idea clara de lo que queremos.

Profesores desnudos; bufones pintados
por un genio; perros pormenorizados;
encajes inmortalizados; frutas que
acaparan la atención; una sencillez
que quiere y puede y debe ser
mucho más que la profundidad...

Y ahora, ¿qué hacer? Como Uliánov
en la encrucijada, tenemos dos opciones
a la mano: bajar la guardia
y entregar el Poder y retirarnos

a la taigá, o enviar a un millón
de escritores al gulag, cometer
la simpleza de la iniquidad,
abjurar de lo que se conoce,
vivir en la ignorancia, tomar
el trineo sin regreso…

o ejercitar la democracia
desde un Palacio viejo, sonando
el cascanueces contra el muslo,
en espera del crudo invierno,
calentados por la teoría,
leñadores de la práctica.

Ahora que veo el mundo desde
el borde del cuadro y puedo retratarme
con el pincel en la mano;
ahora que escribo este mensaje
en el papel que sostiene un moribundo
en su tina, metido hasta el pecho
en sales inmortales; ahora que he llenado
mil cuadernos de espinas,

atesoro una simple rama partida,
una tortuguita de oro,
doy vueltas en el bolsillo a un dado
de marfil que alguien me arrebató de niño.

Del mármol

La continua anotación.
Los caprichos del desorden.

La total sinceridad
expresada en la duda.

La calma necesaria en
la circuncisión de un
adjetivo espinoso; lo

crudo hecho pasatiempo;
el empeño transfigurado
en diseño, en literatura.

La calistenia verbal bovina
cuya inflexibilidad anuncia,
aún antes de caer, lo dócil.

Y el espacio de indeterminación
entre una voz y otra, entre
un entresijo y otro, entre
un objeto lingüístico y el
tono persuasivo, evasivo,

y entre éste y el trozo lírico
debidamente cosido o
separado por gerundios fatigados,

todo lo nocivo y lo ecléctico
que exige el puro ejercicio
del intelecto, puesto a la vista
de todos; el paramecio y
el toro en la vitrina del
anfiteatro, una especie
de engaño o hipnotismo,
o fariseísmo, o sueño…

pero despierto, algo de lo muerto,
el vacío descubierto, el niño
sin cerebro, ahora orgulloso
de haber adquirido el verbo,

se desdice a cada frase, todavía
en pañales al borde de la tumba,
corrigiendo sus propias cláusulas,
las líneas garrapateadas en el muslo,
la letra plantada en la palma de la mano.

Todo eso y más, hermanos,
les traigo a esta junta.
¡Bebamos y comamos en nombre
de la sinecura y de la yunta
del mármol y la significación!

Poema cuneiforme

Eso que tienes que decir
en el barullo de la ciudad,
sitiado en tu menhir

que los demás rocían por la espalda,
la yerba alta, el grito paleofónico
en unos cuantos golpes de mármol

hasta arrancar unas lascas,
empatar ranuras con alguna semblanza
de batallas, poner comas y trazas
de interrogación (¿qué dejas de tus uñas
en la saga?) La posteridad traga,

es como una vacapinta en un campo
de trébol; la suerte es insignificante;
lo que va por delante es bueno; lo
que descansa o se rinde cae en
el suelo; todo esto lo sabrán

por unas lascas en el concreto,
todo esto lo entenderán de un salto,
boquearán cada letra, cada cuña,
vocearán tus miradas; mirarán
tu larga podredumbre; descifra
rán tu espalda; el reino de lo
invisible podrá hacerse increíble
en mil lenguas extrañas.

El último poeta

El último poeta
come frutas de los árboles.
Usa vidrios de aumento
para quemar las letras
en las hojas del plátano.
Un verbo es una rata. En
el tronco: «La moralidad
enroscada, escamosa,
como un estenodáctilo…»
La leche que gotea de la
rama es fecunda en
ablativos. Mazos de lumbre,
macacos, cocoteros y lianas:
invitación a la jungla.

Bifurcación

But my form is a filthy type of yours.

Mary Shelley, *Frankenstein*

Epístola a los sodomitas

Mi padre me sacó de Sodoma
a la primera luz: «¡Dame a tus hombres!»

Las puertas de Sodoma se abren
a los magos, los ángeles se entregan

a la chusma. Ellos bebieron
del agua de Sodoma en el torrente

y se fueron de rumba.
El sudor de Sodoma

es el vino del carnaval. Un bólido
de hielo cambió de rumbo

por amor a Sodoma.
Entonces partimos. Sodoma

no es Ítaca. De ella se sale
sin mirar atrás.

Es una suerte escapar a tiempo,
como el que allana una tumba.

En la comparsa el grito de la gente
pedía las cabezas de los magos.

Las cabezas rogadas. Esos aros que
entraron por el fuego y se extinguieron.

Las cabezas trocadas a las puertas,
cabezas por entregas. Entonces

nos fugamos. La salvación consiste
en tomar el mismo camino dos veces.

Espantar la mula para que vuele
como un ángel. La salvación consiste

en ser espantado. El miedo es lo nuevo.
Los que quedaron atrás, los que

miraron, fueron mirados.
Los sodomitas miran dos veces.

Shtetl

Soy hijo de un zapatero. Conservo
casi todos mis dientes... En mi
shtetl, hace cincuenta años, se
acabó la remolacha y la caña.
La zanahoria no se conoce desde
el triunfo del fariseísmo.

Estamos rodeados, pero de nosotros
mismos. Vivimos en un estado de
sitio impuesto desde el vientre.

Yo observé las marchas desde la
ventana, la bigornia afincada al pecho
y la boca llena de clavos. Así hablé
a los esclavos, a mi muchedumbre:
«¡Besad las suelas!» «¡Lamed las plantas!»

Los que no oyeron, los que se negaron
a escuchar, los que siguieron de largo,
los que acamparon a las puertas, los que
pusieron un sello, los que quisieron
desollarme, arrancarme el pellejo, hacer
conmigo unas botas de piel humana, jabón
de mis huesos y betún de mi médula, los
que me arrastraron hasta el desfiladero,
los que se me unieron, esos cobardes, son
también mis hermanos, paridos por el mis

mo padre. «¡Madre, no tienes derecho
a mis palabras!», grité. «¡Hablar en libertad es
desentenderme de ti! ¡Desentenderte!»

Hijo soy de zapateros.
Metatrón, el Ángel de la Presencia,
tiene un callo en el pecho donde
afincó la horma del pie derecho
de Dios; rebajó con la chaveta
la piel del borrego. Ese cordero
que llevan a altar, el que
nunca lloró, el que no se quejó
y padeció en silencio, como un hombre.

Ese pueblo carnero de vellón triste,
el que recibe la leche de su dueño
y pare a un déspota como un milagro,
es mi pueblo. Somos el mismo sueño,
tenemos el mismo dueño.

En mi pueblo, hace cincuenta años,
se acabó el sueño. Las mentes se alimentan
de engaños. Mi pueblo elegido, partido,
el que ha permanecido despierto medio siglo,
descalzo y despierto, contando ovejas.

La muerte del obrero

La división del trabajo
es la división de las pestañas
a la caída de la noche.

Cuando el obrero no puede
más, debe poder más.
Continuar la fatiga
por obediencia y desorden
y fumar un cigarro
porque el obrero y el cigarro
y el barro comen juntos.

El paraíso de los trabajadores
tiene un sol y un ómnibus
y música de comedores.

Palmeras escaladas
por monos de laboratorio,
numerados espacios,
taquillas y suplementos.

La división del trabajo
es la división de las entrañas
tras sesenta años de esfuerzo.
Es el retiro al borde del cuerpo.
La suciedad del obrero
es una montaña.

El paraíso del obrero
no tiene ventanas
sino un cenicero.

Ponchar la tarjeta es la manera
de expresar su desacuerdo
al pito del almuerzo.
Escribe estatutaria poesía,
su alma es un esfuerzo.
Y cuando no puede más
debe redoblar la fatiga
o caer muerto.

Libreto

Como aquel que desde un balcón
divisa al asesino en la platea,
y después lo siente (habiéndolo
perdido de vista) llegar por detrás,

así pasarán los años de destierro
para el infeliz que abandonó su palacio
en invierno. ¡Qué digo en invierno!
Para aquel que despertó en el infierno,
para aquellos que cayeron, para
los que creyeron… Porque la creencia
fija la mirada en la muchedumbre,
sentada o buscando asiento, cuando
cada posible espectador es un héroe,
y no delata al matón, al fratricida
que se escurre entre telones,
confundido en el pueblo de la platea,
y mata por la espalda solo por el placer
de sorprenderse en el entreacto.

¿Hecha de sorpresas, la vida? ¡Pero
si acaba en la muerte, si sorprendida
mientras buscaba butaca la habíamos
divisado antes! Ese «habíamos» regresará
con cada uno de los apagones.

Después no reconocemos al actor
principal, y si lo vemos, veremos

al otro, porque la función se traslada
del escenario a la silletería como
un mar de terciopelo gastado, como
la sangre fría que vista desde la altura
pierde el registro satinado y ciego,

y es lago, largo y sartorial decreto,
bulto repetido y burdo, acústica
perfecta para la reverberación de las
apostillas del libreto. Que no leerás:
verás actuado lo que estaba dispuesto
en el folleto enrollado en tus manos.

Secretas maniobras

Ayer, lavarte los dientes
era rozarte con un palo
y pronunciar la candela.

El que vio caer, no una
sino dos civilizaciones
con sus engranajes y pormenores,

sabe que cada era es solo
un puñado de lapsos,
que el tiempo vuela a velocidad

relativa (si nos movemos
con la cadencia de la luz
en cada espejo cabe un trasmundo).

Ayer, lavar la ropa
era arrollar la tela en el río
y exprimir sangre en la sangre.

Éste comió detergente en polvo.
El cable, la luz, el silencio,
todo cayó en el gran río.

Una nota guardada en el bolsillo,
de papel transparente,
con un precio en rodillo.

¿Qué lejanos estamos de tus dientes?
¿Cuán cerca estamos del Oriente?
Recibiremos el velo como un carisma.

Reír, con oquedades.
Sufrir, en el cieno hirviente.
Saber, lo que no conviene.

Hundir, el puñal hasta el viento.
Osar, dar un paso al frente.
Poder, atravesar el puente.

Ayer, lavarte los dientes
era rozarte con un palo
y pagar con la vida.

Accidente

11.

Delatar el más mínimo rastro de sentimiento
es condenar la letra al fracaso primero.
No dejarse llevar por el siniestro,
el choque de la tinta, nada menos,
con el bloque de papel, perder el cerebro
en un poste del alumbrado estético.
Quedar atrapado en el hierro,
bajar como un relámpago de negro.

Alguna cosita que te identifique,
un sentimiento, un adverbio,
un pequeño detalle con tus señas.
Obliterar el verbo en un gran accidente
para que viva más allá de lo evidente.

13.

Delante para atrás.
Máquina asegurada.
Asegura el hierro.
El freno. Como un caballo.
Bolsas de aire.
Un espejo. El auto es un
deseo. Automático

es el ser humano.
Un caballo de fuerza.
Tras el volante de
la suerte. El espejo
se parte, los gránulos
¡se estrellan! Constelación
de la limalla hecha añicos.
Bultos son los cuerpos.
Perlas son los dientes.
La carne en el asfalto
es pieza negra.

Apoteosis y caída de una descripción

Saqueado como un papel
que se escribiera inmisericorde,
aguijoneado por espinas negras
como chinches ahítas de tinta,

arrastrado por las calles estrechas
de una segunda edición... la crucifixión
comienza con el INRI, con la escritura
y el sabor de las siglas; las letras hieren
el costado de pasta con su vinagre
y su esponja.

Parlamentos de espinas arden de significado.
El viejo solipsismo servirá de corona.
¿Habrá un cuerpo límite donde
se descompone la historia?
¿Habrá tinta en la gloria?

Punzada literal. Los clavos
son de pluma en las parodias.
La que fuera garrapata brutal
aspira a reescribir el reino.

La historia del presente

«El cisma de verrugas
en la cara gorda, y el perro
ahuyentado… Los adverbios,
como grandes gusanos
que se nos fueron de las manos…»

Quiero que sepas que estuve aquí,
que no hubo nada que me saciara,
a no ser el regreso.

En el muslo de un muerto
nací, de un muslo yerto y
baladí. Un cisma de verrugas
fue mi horizonte de eventos.
La cara gorda de un muerto
y un perro ahuyentado por
el viento. Como un adverbio
caí en el mundo: ¡*fuaang!*

¿Quién era el mártir de las aceras
con su camisa seria y sus
bucles de madera, acribillado
a balazos como si fuera
un escaparate dejado atrás
a toda carrera por unos debutantes?

El que cayó a las puertas
de la nueva era, venerado

y sanado, resucitado en mí,
que salí de su sagrada pierna.

«De los sistemas lógicos a la purulencia»,
rezaba la vidriera.
Lo mítico apareció en un bar,
con música de ángeles rumberos.
El vino era aguardiente,
y la historia, un balazo en la frente.

¿Hubo un tiempo peor?
El cuerpo del presente,
tendido, en cuatro velas.
Himnos de las abuelas.
El oro de las muelas.
Despampanantes presidentes.

Todo era súbito y bárbaro y ardiente.
Cuando nació la muerte,
yo vine al mundo en su calavera.

Entzweiung

Hora de concretar.
Hora de volver atrás.
Hora de subrayar
con un lápiz lo que
has querido, pues
lo escrito y lo querido
se conjugan,
como hermanos
siameses.

Arrojar unos granos
y espigas a tu paso
para que los pájaros
emitan su veredicto
en lo tocante a la dirección
de tu fracaso. ¿Hacia
dónde te diriges,
tú que ahora eres dos,
él que ahora eres yo?

Apunta en el margen
de tus pensamientos,
rige tu continuación.
El peligro del cuerpo
no ha terminado.
Su límite se funde
en la cadera, donde
comienza tu hermano.

Cuando él fuma
tus pulmones se inundan
de problemas.
No hay nada en ti
instantáneo, sino
tributario, un cuchillo
y una bifurcación.

Un mundo queda atrás,
y el otro marca con
un lápiz las huellas
de su nauseabundo
desear, de su imitar,
de su rogar ser profundo,
tomado en cuenta,
su abyecto conspirar
y escribir, como si
de ello dependiera
el mundo.

Tú das cuenta de ti
y si pudieras, hasta
te leerías a ti mismo
a la carrera, con tal
de adivinar de qué te tratas.
Anudas a tu cuello
una corbata,
de donde se proyectan
dos cabezas.

La única y unigénita,
la que perdió la apuesta,

y ésta, la de tu boca
deshonesta.
También es ésta la
que calla.

Hora de mirar atrás.
Hora de concretar,
de subyugar con el lápiz
lo que has querido,
pues lo escrito y
su querer se aborrecen.
Como hermanos siameses.

Carne de presidio

Yo fui a la cárcel de por vida.
Encerrado una vez,
es perpetuo el encierro.

Nunca he salido de la cárcel
que se construye en secreto.
La sombra de una torre
recortada en el cielo.

¡Aquella es la cárcel!
Sus techos de serrucho,
gran zigurat en forma de sombrero.
Figura escalonada
en blanco, azul y negro.

Desde lo alto de la cárcel
baja un chorro de miedo.

Yo nunca he salido de la cárcel:
veo cercos de púas donde
otros ven milagros.

Me dediqué a la rima
como los prisioneros.
Cuento sílabas como quien
da tajazos en un vano.

Hay quienes cuentan años:
para mí
los días son barrotes,
las estrofas son celdas.

El jarro por la reja
es música de negros.
Una tonga. Una bola de años.

La cárcel mira a un cielo
de infinitos peldaños.
No se sabe si ascienden,
o bajan o se encajan
o entretejen.

Yo fui a la cárcel de por vida
para una condena breve
que se extendió más de lo aparente.
Un sucio calabozo
para el vil delincuente.

Entré creyendo que saldría
(la cárcel es del creyente,
del que acepta encerrarse
ad aeternitatem).

La cárcel es un empezar
de nuevo eternamente.
La cárcel es una piedra
que se lleva a cuestas
y que regresa siempre
a lo pendiente.

Poema

Poema, eres tú y lo que
se dice de ti. Los comentarios
te hacen bailar, como el
cadalso y la felicidad.

Si existiera el azar,
si tus caderas no se movieran
cuando pasa una estrella,
si fueras letra muerta,

¿quién podría contarte
entre los vivos? Pasivo
parásito del río
avasallador de la muerte.

Habrá letra para tu lengua,
ovaciones para tus confusiones,
y nuevas aventuras
para tu literatura.

Espejo de atributos,
tu cuerpo es el deseo de los brutos.
Uña y carne y cerebro,
vaso de agua en el sueño.

Poema, eres tú y lo que
se dice de ti. Los comentarios

te hacen bailar, como el
cadalso y la felicidad.

Futuro del cubismo

¿Habrá algo más ridículo
hoy que un saltimbanqui? ¿No
se desmoronó el óleo de que estaba
hecho y quedó el rasgón,
el teorema y un esqueleto?

El mundo no acabará nunca de saber
lo que era un circo. Los caballos
y la *écuyère* nos hablarán en griego,
con cascabeles en el cuello.

El cubismo será una mortadela,
o una estela de reyes, o
un valle de los muertos.

Sabrá dios qué cosmogonías
adjudicaremos, mirantes del futuro,
al frontalismo de una fregona azul,
al suicida en un campo de trigo.

Ignoraremos lo bello,
lo recogeremos con infinita cautela
y confusión. Lo guardaremos.

¡Bienaventurados los que nunca
representaron nada!

Sabrá dios que mahomías
concebirán los malabaristas del futuro
para el Braque de la antesala.

Freud

Tú, que te pintaste desnudo en el cuerpo de otro.
Tú, que te pintaste solo.
Tú, el de nombre de agorero,
quizás mi idioma sea también el tuyo.

Los barriles sin fondo, los cajones habitados
tal vez sean Gran Bretañas de pequeño tamaño
para mi lengua quemada de aguarrás.

Hay un receso entre lo que es y lo que fue:
allí encuentro mi cuerpo pintado, allí soy Freud,
el marinero antiguo que hace el cuento al revés.

El emplaste de óleo busca la piel vacía,
la redención está en los ojos que no miran.
Si Velázquez falseó, si embaucó a la vida,
si el mundo entero es un engañabobos, Lucian,
entonces tú nos metiste la vida por el ojo.
Nos mostraste los genitales de tus niñas,
tangencialmente desfloradas por la mirada,
despatarradas sobre el colchón de Soho.

Tus perros son metamorfosis de Mercutio.
Grandes hombres, campeones, hibris y vulgaridad.
Transitamos desde el oro, el cobre y el negro
hasta el mascón de un abrigo arrugado.

Una planta transpira en tus cuadros,

la dracaena de oficina, de hojas crípticas,
que provoca otras tantas preguntas.
Hay una silla giratoria que muestra las entrañas de trapo.
Los pisos de parqué reciben las lágrimas,
los pasos y los últimos cabellos lacios de Occidente.
Lo que tu abuelo soñó, en ti se hace presente.
Toda la existencia puesta en el diván del artista.

Tu amigo Bacon patentizó el horror,
pero en ti hay monstruos perfectibles
varados en el rococó de Picadilly,
con sus mujeres enfermas y sus niños.

La carne es tu problema, el problema eterno,
y el de la tela que corroe la piel, su fuero interno.
Los zapatos desnudan su charol con un brillo malévolo.
Hay una luz interior en tus desnudos, un olor a Lysol
en tus estudios, y la muerte de Dios en el prepucio.

Lo que fue, será y será. La parsimonia de la ciudad,
la cruda realidad, la muchedumbre alzada en vilo
para ser abandonada en el museo. El Panteón
de lo Feo. La culpa es el teatro de la carne y su brillo.
Esto es lo que hubiese pintado Chardin después de muerto.

Los pintores vienen a pastar a las saletas, con sus balcones
y ventanas indiscretas que revelan un nuevo muladar:
el apocalipsis multifamiliar.
Es la ciudad secreta que pintas en perspectiva: viva
en su podredumbre, muerta y sepultada en sus costumbres.

Todo es freudiano, Lucian, en tu inanidad.

Renoir

Estuviste muy cerca de pintar el retrato
de un ser que de tu ausencia hizo anfibologías,
un ser que constituye la brújula y la sombra
de animales cansados y de muchachas rubias.

La pincelada escarda y al mismo tiempo turba
la paz de los asuntos tejidos en la tela.
Tejedora profunda: la pintura es cautela,
una chispa que rompe la primavera pura.

Abandonados lagos y opuestos precipicios,
una fiesta en el río que reculó dos veces,
los mismos comensales y el becerro en las mieses,
en la rosa hay gusanos y nuevos orificios.

Las negras veladuras de copiosos velámenes
que absorbieron colores de un copón matizado
cubren de azul las pieles y los pechos rosados
antes que el cielo caiga y el labio se oscurezca.

Traes la mancha a la escuela de los impresionistas,
moteada por la sombra de un bello camarada
que tocaba corneta hundiéndose una rosa
en las grandes solapas y en la carne agotada.

Esas manchas lacustres, tus soles de bodega,
deslizándose lentas, a paso de tortuga,

son el polvo de abejas de la coloratura
soplado en las orejas de una lechuga fresca.

Renoir, de tus princesas enjoyadas e ilusas
sale un agrio perfume de cloacas caseras.
¡Quien pudiera negarte, refutar la pintura
alquilado Sainte-Beuve de las salas burguesas!

Anselm Kiefer

En la carretera asfaltada con pigmentos
sucios y briznas, está escrita la palabra PUEBLO.
Cruzas sobre huellas de tanques,
sobre estelas de sangre encartonada.

Alguien nos sirve un corazón caliente,
un corazón bañado en plata
que palpita en el pasado.
Al calor de un discurso darwiniano hay una
estenógrafa en el pecho de cada ama de casa.

Stefan George mira las cornejas
en la vidriera de Wertheim,
allí da la cabeza a una piedra
lanzada desde la puerta del Walmart.

Sobre un carro que no arranca
cae la lluvia ácida alemana.

Ya los cuervos gravitan en las ruedas.
Hay una horca en las palmeras.
Hay basura apilada de la urna del alma.
Las mujeres crecen como arte.
Los obreros tejen Standartes.
Un estrépito de nalgas contra nalgas.

Los artistas suben a los Alpes. El cuerpo
congelado de Bavaria ciega el horizonte.

Las gavillas llevan toda la voluntad
en las entrañas. Rubia y compleja es la cosa.

Y en medio de todo te paseas, como un
Emperador que perdonó a Europa, fumando
un cigarrillo perfumado, con una gota
de mierda en la boca.

Una bomba de espejos

La Sibylle, interrogée sur ce qu'était
un Philosophe, répondit: «C'est celui
qui sait faire le verre».

Fulcanelli, *Le Mystère des Cathédrales*

Una bomba de espejos

Nos citamos, enfermos, en los callejones.
Su antebrazo tatuado, pinchado. Los tendones
flojos bajo la manga. Con ojos de ladrones
miramos a la chusma. La basura en el ojo
azul ultramarino, rasgado, medio chino.
Un híbrido. Su rostro cruzado de mechones
azules sobre rojo y rubio y negro y ocre.
Pantalones estrechos y los pies enfundados
en botas de armadillo. ¡Oh, ladrón de ladrones!
Inyectamos azogue en su cuello de cisne
que expiraba en un lago en reparaciones,
escurriéndonos, gordos, entre grandes camiones.
El azogue clonado, mercurio clandestino,
explotaría en espejos. «¿Ya sabes lo que dicen
de las lunas cascadas y los malos reflejos?
Pues que son el preámbulo del dolor y del crimen».
Bajamos escaleras regadas de pasquines
de cantantes cubanos anunciando una estrella.
Los espejos rodaban entre los adoquines.
Un perro mordió a una corneja. Si es posible
mirarse en la propia mentira, si es posible
inventarse y perderse en los límites,
la bomba fue la explosión de una certeza nueva.
«¿No eres tú, también tú, el bello terrorista
emboscado en el gris natural del reverso
que da fondo al vaivén de nuestros espejismos
y sentido al desastre de los cristales huecos?»

Era negro y mulato, americano chino,
sus pasas eran rubias y azules. Los zapatos
de tacones, de lentejuelas frías. Los ojos
de aluminio. Todos los reflectores
se apagaron al unísono. Secretas poluciones
de una bomba de espejos que iluminó el abismo.
¡Criminal catalejo, fugaz diversionismo!
Se escurrió entre dos soles aprovechando un filo.

Apitchatpong Weerasethakul

Muchachos cayendo, suaves y borrachos...
Que sus sonrisas en CinemaScope
cubran la tela de témpera y sentimiento.
Que el cine sea Bangkok a gogó,
pero ambientado en una comuna gay, con
sombreritos de paja y dientes perfectos.
Y a cada mirada, ¡un golpe de xilófono!
Sentados sobre cajas de fruta. Un drama
dentro de un hospital público, donde
la hermana de una empleada, o su fantasma,
carga una sonda. La doctora camboyana
explica en idioma jemer la aspirina.
En la ventana, un mono de pupilas rojas
dice que es el Homo Photographicus,
que el cine lo volvió un fantasma,
que ahora malvive en la oscuridad del
parque primordial, entre lunetas,
el *Waldenweben*, en la antigua floresta
de las salas donde se proyecta un hilo de luz
en la corriente fría como el agua
de un lago de plata, en la superficie,
donde se baña desnuda la reina de Malaca
rejuvenecida por el misterio de la cámara,
esa carpa plateada, la celadora de las joyas
que refulgen en el fondo del Roxy,
del Rex, del Paramount, preñada
de espuma y risas y bromas pesadas,

reducida ahora a mera asalariada
del Tío Boonmee agonizante en su
granja de almendros, donde el Buda
copula con la digitalizada princesa Suriyothai.

Matthew Barney

Sea la cera de abejas en la montura del centauro.
Singarse a la abeja antes que punce el veneno.
Así, penetrada, la reina cae en su amarillo.
Reducir el cuerpo a una tonelada de manteca.
Hacer muebles de vaselina sólida, tallada,
la grasa acumulada en la bartolina y el escroto.
Sea, allá abajo, bajo la piel arrugada, el teatro Cremáster,
comedia de movimientos involuntarios, de roces,
y todo esto en un estadio, en un circo tejano,
con zeppelines ayuntados, dirigidos a los espectadores.
En las gradas vive el caníbal escocés y el toro alado.
Una lengua de cuero martillado expresará
la psicología de la rueda en la carrera de autos.
Entonces, de la verga parten amarras de seda
que van a dar a un globo. El pintor es un ogro,
y tú lo has visto, es el sátiro, la hetera, es el zorro.
Sea un ser transformado en Norman Mailer,
el asesino de esposas adornadas, el cretino de Cremáster.
Y sean los vaqueros bailados en las praderas,
y los carros despojados de todo lo celeste,
objetos animados embistiendo a otros carros
en el *lobby* de un gran anfiteatro financiero.
Sea un ángulo de concreto atravesado de polietileno
el rastro de grafito en el parabrisas abollado,
y sea el gran panal alborotado, un bataclán
de batuteras sobre la yerba tabulada de Cremáster.

Cattelan

Para aquellos que pensaban que el Fin había llegado
tú creaste un Führer de resina sintética
para que viva por siempre en la galería
que es su hábitat, el hogar del artista que fue
promesa y anticipación en estado de gracia
arrodillado frente al altar del arte degenerado:
la nueva religión de los buenos fascistas.

Miraste lejos, Cattelan. Donde otros vieron
un chiste no había más que perversa
dualidad, mágico desenfreno.
Nosotros, los artistas, somos ese Hitler viejo
y socialista, reintegrado a las masas
por el Poder de Arte.

Esa piel de mentira, las manos juntadas,
lo que pasa por la cabeza de plástico,
nos compromete y nos asusta. ¡Que
el teatro haya sido su legado!

Por eso el Papa cae bajo el meteorito,
que no es la piedra lanzada por la chusma,
sino la superstición de las muchedumbres,
la paternidad extraterrestre de lo místico.

Hitler Hiperrealista. En su pelo de laca
van las cerdas de los pinceles con que creó

—retocado Van Gogh— la Pintura Mala.
César con alma de Cristo, te queremos
ver expuesto, de una soga en el techo
colgado, como un cuadro. ¡Oh, esteta
de los degenerados, puerto seguro de los
rechazados y los inmaduros, a los que
no les fue dado lo sagrado!

Una bomba de espejos

A una bomba de espejos nada escapa.
Todo va hacia la fuente. Todo se refleja.
El idioma es plano, primitivo.
Lo que cae en la trampa del azogue
se pega como una mosca al papel.
El papel es la trampa y recoge
mil escenas. La bomba que explota
hacia el centro, absorbe luz, no emite.
Solo por un momento, después la despide,
la proyecta sobre los bailadores, sobre
los bebedores inocentes que caen heridos
sin saberlo. Por eso los trajes deben ser
de poliéster. En el género hay escenas
de accidentes, hawaianas desnudas y
rumberas y veleros y puentes.
En el baile, la luz cae como nieve,
leve sobre las canas. ¿Quién se ha hecho
viejo girando en esta pista, apuntando
con el dedo al cielo trasnochado,
aún alerta, marcando los pasos prescritos,
pero sin dar señales de ser Díscolo?

La muerte de Mercurio

En una cripta negra, goteadura plateada,
algo o alguien orina detrás de las tarjas.
El hilo de azogue corre por el asfalto
metido en los recovecos del camposanto.

Allí expira Mercurio. El cancerbero
a las puertas de hierro ladra su desencanto,
por haber sido perro, por haber sido menos:
Mercurio tiene ojos negros y piel de feldespato.

Una palabra aquí, Mercurio, significa
mucho más que allá afuera, en los suburbios.
Mercurio mea detrás de los canteros:
el orine es de azogue y la sangre de seda.

Un dios decapitado reconoce su cuerpo
derribado en el fango. Un bosque de palmeras
se debate en el charco. Un pájaro remeda,
posado en una tumba, el grito de los barcos.

Mercurio es un artista, un ladrón pugilista,
se arrastra por los bancos, va detrás de las viudas,
asusta a los soldados desconocidos. A la vista
de todos, derrotado, se transmuta en un lago.

Mercurio Trismegisto, en el agua tumbado,
tu mancha evaporada se esfumará en el mármol

como quien deja una mano sudada un instante
sobre la plancha esmeralda de una carrocería.

Los negros van delante, llevando tu bandera.
Los faroles de piedra alumbrarán tu pelo.
Las luciérnagas serán un brillo en tu cerebro.
¡Oh, Mercurio, Mercurio trashumante!

Dueño del cementerio, atleta de aluminio,
esbirro y estudiante, sobre torres de cedro,
en un bloque de plástico, con la hora y el año,
y una frase moderna y resonante.

Tu seño niquelado reflejará el viento,
lo que pasa volando en un momento, lo viejo,
el instante complejo en el cuarteado espejo
y el Azufre cobarde sentenciado al silencio:

Si la Sal es un tercio de lo ausente
y la lengua es tu símbolo, Mercurio,
al final de la noche regresará el presente:
procesión mercurial de plenilunio.

Pascal, 372

Ce qui m'instruit autant que ma pensée oubliée.

Éste, tu corazón, de fríos movimientos,
descubrirá una ley. Está en tus páginas.
Una idea se fue, cayó en la trampa,
hay un hueco en las redes. Por las ramas
saltaron las imágenes como peleles.

En el aire quedan las palabras
entontecidas. Ninguna esperaba
resolverse en letargo
antes de conocerse. En el intervalo

entró la Nada, nuestra consejera,
la sultana, no la vieja comadrona,
sino la Madre Santa del Verbo,
la que perdió la corona,
la Virgen muda que habita en el cerebro.

La que nos entregó la Rosa de lo incierto
y la Palma marchita del conocimiento.
Conocer es conocerla a Ella,
y en el coito supremo,
perder el pensamiento,
llorar sobre lo muerto.

La idea que escapó

por un milagro, vive en el aire
como un presentimiento.
Espíritu Santo intonso,
ágrafo e inmaculado: el Fin
de lo pensado.

Vuela tu corazón de fríos movimientos.
Descubierta la ley, cayó en la trampa.
Por las ramas saltaron las imágenes
como peleles. Hay un hueco
en las redes...

Bacchino Malato

¿De qué enfermedad
padece el pequeño?
¿Quizás de poquedad,
de desenfreno?

¿Dónde adquirió el color
de pergamino?

¿Y el gesto de sumisión
al diablo que lleva adentro
apostado a la pata de la mesa?

Las uvas primerizas,
la corona de pámpanos
parásitos.

Miserable esclavo
de la pintura, afiebrado
y fatalista, ¿quién desea
besarlo y contagiarse
de su *cattivo gusto*?

El paño desvaído
circunda su belleza
como un largo quejido

y desnudo lo entrega

a las miradas de la concurrencia.
Es un Baco perdido.
La borrachera agrava
su cabeza y su fuerza.

Bañado y poseído,
abusado por la Ciencia,
el barroco y la sífilis.

Orfeo

Hay un dios mudo debajo de cada palabra
cuando el poema se lee a sí mismo en voz alta
en el castillo interior donde las letras
retumban. Hay un mundo subterráneo,
hay un Infierno donde las cosas suenan,
donde los instrumentos de viento
buscan la bocanada del último aliento.

Hasta allí arrastró Orfeo a la palabra.
El nombre de la amada vibra
debajo de las sábanas, donde hay calor
y sombras preñadas en la tela. El color
de las rosas estampadas se refleja
sobre la piel del poeta.

En la cueva se escucha su corneta,
la lira, el acordeón y la música
de otras esferas. Mas en este mundo de escritura
las cosas permanecerán mudas, caídas
en los ojos como en una laguna.

¿Fue hecho el universo para la pintura,
para el puro reflejo? La palabra es peregrina
y extranjera entre nosotros.
Oye: el silencio de las palabras,
la gente que pasa los ojos por las letras.
Existe allá abajo una música concreta,

la gente mueve los labios y, si está muerta,
su canción será karaoke funerario.

Tohu va Bohu

Camino la ciudad, la reconstruyo

G. Baquero

Perderte en los recovecos
de las calles, torcido
el rumbo y las llaves,
entrarás a la casa equivocada
y darás un saludo
con la mano, si la mano
pudiera saludar:
afilado objeto inanimado.

Pero las calles regresan
a sí mismas, forman
un enredo y entramado,
la dirección de muchos
sinsentidos, recorridos
y rumbos caminados
que de tan conocidos y gastados
terminaron por indicar un camino,
pero que en el principio comenzaron
siendo la confusión de alguien perdido.

Caminas y crees.
Crees que conoces
el espacio total,
el rumbo fijo.

A la zaga viene un desconocido,
es el Hombre de negro. En cada sombra
se apaga, se aprieta contra el muro.
Él no quiere saber de lo seguro
y a veces también marcha de espaldas.

Cae como un borracho,
se recupera, y tú doblas.
Ella o ello, recto y profundo.
Tohu va bohu, principio
y fin del mundo.

Estaba aquí antes que tú nacieras.
Te sigue lo que, en verdad, debiera
arrojarse delante de tus tumbos.

Sueño de shtetl

Érase un pueblo sin hospitales,
sin escuelas. La gente le creyó.
Creyó en el pueblo de analfabetos.
Allí había prostitutas que no sabían
leer ni escribir. Había cuatro mil
cuatrocientos cuarenta y cinco
cines y casinos. Las luces eran
un solo relámpago en los aleros,
con el nombre de un héroe
escrito en letras fosilizadas, cuando
entraron los tanques y, de pronto,
todos quedamos prisioneros.

La paloma devino el símbolo
de la guerra, y la barba la marca
de la esclavitud. Se enseñó
a los poetas el lenguaje de las
combinadas, las sopranos fueron
a cortar leña, los obreros aprendieron
a robar, a tocarse las nalgas
cuando querían decir: *¡por favor!*

Érase un pueblo sin hospitales,
sin camas, ni homosexuales.
La calma reinaba. Comíamos
sábanas sazonadas, bayetas saladas
con lágrimas. Un vino ácido

(pero, al fin, *nuestro vino*) hecho
de excrementos nos ayudó a olvidar,
nos obligó a cantar.

Estuvimos enfermos una eternidad,
fuimos los héroes de la duración.
El último hombre que tomó un avión
moría en su guarida, pero sin
hablar. He llegado a creer
que escribir y leer es fallar.
Que entrar a un hospital es entrar
a una ergástula. Que educar y sanar
es vigilar y castigar.

Tenían razón los nuestros:
morir de la Peste es mejor
que ser salvados, es mejorar.

La puta, nuestra Madre celeste,
se ha secado, y los hijos de la Patria
son ahora médicos y abogados.
Pero nada ha cambiado.
Aprende, hijo, de mi desastre.
¡Engancha el carro y vete!
¡Aléjate del pueblo sin hospitales
ni escuelas, antes que despierte!

Sueño del elefante blanco

> Yo vi a esos hombres hacer que el viejo
> orden nos pareciera un paraíso.
>
> Platón, *Epístolas*, VII, 324d

Como un elefante vestido de atributos reales,
así entró el tanque de guerra en el pueblo.
Las poleas dejaron un rastro oruguiento
en el asfalto, como si una mañana cualquiera
hubiésemos despertado hechos un gusano
caliente sobre el lecho, con una manzana
de Año Nuevo en el vientre, rumiando para
siempre y mirándonos bocabajo, nuevos videntes,
desde la perspectiva de lo buscado, de lo
deseado oscuramente, que de pronto aparece
como un gran elefante con trompa de metal,
cargando cuatro sultanes, barbudos, sonrientes.

El elefante irrumpió en la cristalería de la ciudad.
Era un elefante blanco corriente. Su cuerpo abollado
por el impacto de proyectiles,
y un colmillo negro, partido. Venía del Oriente.

Hubo una procesión de gente inocente,
de gente creyente, que siguió al elefante blanco
hasta el Palacio de gobierno. ¡Un elefante con
cabeza de pueblo! Su gran testa de niño nos dolió,
nos dio miedo. Los sultanes hablaban, callaban,

amenazaban, saludaban, soñaban y tramaban,
como es natural que suceda comúnmente.

Era un elefante blanco y ciego.
Era un paquidermo en el concierto.
Era como un pistoletazo en el cerebro
de un ángel que coreó en el infierno.

Diario de un esteta itinerante

I.

«Me enamoré del olor del Monte del Desamparo».
No estoy seguro de que deba decir nada más,
un precipicio se abre al final de cada línea.
Hablar directamente requiere más esfuerzo
que hablar en símbolos. Esta es la señal
de que debo callar, tragarme la lengua,
como suele decirse, o expresarme en otro idioma.

La continuidad tampoco me resulta tentadora.
Desde que tomé el lápiz, la manera de juntar
los dedos se ha vuelto parte de mis instintos,
de mis predicamentos. Juntar los dedos
alrededor de esta circunferencia
como si fuera el tronco de un árbol
que tiene las raíces en la tierra
y la copa en el Paraíso. Creo que
aprieto algo eterno. Ya es mi modelo,
el gesto del funcionario público,
un notario, quizás. Debí haber dejado
de hablar hace tiempo, pero los dedos
no sabían qué hacer consigo mismos
y se aferraron al árbol (ese *aferrarse*
es falso, pero da lo mismo…).

Cómo te expresas con tal de que alguien
te encuentre en el basurero, en el

basurero en que se convertirá todo
lo existente. Un gran reguero
—si antes no muere para siempre—
es la humanidad, y en la confusión
es posible que todo un Shakespeare
no sea más que un notario con suerte.

«Me enamoré del olor del Monte del Desamparo»,
quiere decir también que viví en el parque.
La importancia de los parques no ha sido
debidamente estudiada. Los indigentes,
los estetas itinerantes, tienen su refugio
en los jardines, fuera de la vista de la gente,
entre cipreses y almácigos y el césped
siempre caliente que les da abrigo.
Alguna fuente, el trino de los pájaros
que les enseñan el lenguaje cifrado de la ciudad.

Entre los delincuentes y los perdidos
vivieron Leandro Eduardo Campa y
Esteban Luis Cárdenas, los caballeros
más finos que hayan residido debajo de un puente.
Mientras los cerdos publicaban libros
y conducían los negocios de la intelectualidad.
Ellos crearon abolengos. Su pobreza
extrema se comportó con extrema nobleza.
Sus putas fueron duquesas y princesas.
Yo he visto el mundo patas arriba
como consecuencia de la resistencia
de los poetas, de su negativa a doblegársele.
Esa actitud, y su promesa, no cambia nada

en apariencia, en la estructura momentánea,
pero la vida, como la poesía, es una gran empresa
que dura años en manifestarse, y a veces
siglos en tomar conciencia y consumarse.

2.

«En una pipa embutías las hojas muertas
del tabaco *Maribel...*»

Te habrías reído con lo de «hojas muertas»
mostrando tus dientes manchados de café.
Tus cabellos cuidadosamente cepillados,
canos, rebeldes y un poco perversos,
como un poema tuyo, bañados
en esencia de *Pinaud*, a uno noventa y
nueve en la Farmacia Robert, con acento
en la o, cuánto habrá cambiado nuestro
acento sin saberlo, creo que te pregunté
alguna vez, y si te sentías a gusto con las
mujeres, y de dónde procedía tu complejo
de Don Juan, y si el padre negro te había
hecho fuerte, cómo naciste para los deberes,
en fin, conversaciones de diván, en mi zaguán,
aquel banco de pana como un pesebre
azul rococó donde te dejaba echar un
sueño, recostado al marco sucio de la ventana,
tu americana de corduroy con parches
de gamuza en los codos, tu colección de joyas
robadas, aunque también ésas fueron de fantasía,

de cobre y bronce, troqueladas con un catorce y un
dieciocho, nuestros siglos, y el quilate de las
medallas. Mientras tanto caía el pétalo de un iris
en el vaso de cristal, y tú lo observabas, una gran
bocanada de humo vegetal, cómo el iris expiraba,
blanco y accidental, todo me arrastraba,
una cuchara golpeada contra el jarrón,
hacia la consonancia rimada, que tú detestabas,
hombre de la ciudad, porque tu voz era la del
garito, la del garrotero, la del Testigo de Jehová,
la del árbol caído, del que hacías leña, por creerte
siempre por encima de tus amigos, aunque los
amabas con esa parsimonia y deslealtad tan
características del solar, del gueto, de la
lacra social, eras mulato y correcto,
el mundo de los negros había quedado atrás
en las llanuras torrenciales de Namibia, pero
¿llovía en Namibia?, no sabíamos nada de Somalia,
o de Zambia, a no ser que las canillas de las mulatas
eran zambas, tu alma era de la China, tu voz
en calma, y tu perspectiva, el humo de tu cachimba,
tu traje de segunda, tus ceremonias,
tu iracundia, tu facundia y tu Hume guardado
en el bolsillo, anotado con tinta, tus ideas
socialistas, diría que maoístas, sobre la vida rústica
y la intemperie, viviste en la playa, en una
parada de trenes, en la caseta de un salvavidas,
sabio en una sabiduría asiática que no encontró
el ideal supremo en la cochina realidad del
soportal, encima de periódicos viejos,
oyendo pasar a la gente que salía a trabajar,

mientras que tú te entretenías en anotar
los vaivenes de tu pensamiento, pero sin comer,
con el estómago lleno de viento, tú
que despreciaste tu tiempo y tu lugar,
poeta de los muertos, ahora tú también
estás yerto, la gente hace lo que quiere
con tus papeles, se hace ideas con tu gente,
la que tú rescataste, el indigente y el preso
y el delincuente, esos que tú salvaste, ahora
son parte también de otro tiempo y de otro durar.

3.

«Dicen que la destrucción se parece a nosotros.
Lo que estalla, estalla siempre en
nuestras narices. No poner un espejo
frente a otro, nunca… Evitar
Escila y Caribdis…» Y esa ese de Escila
cimbreaba en la carne de tus labios
de negro, enmarcada, como en un ramo
victorioso, por el bigote de dirigente obrero.
Los peligros, querías decir, de la poesía.
Transitabas como un remero en las aguas
fétidas de una inundación que reventó
las cloacas. Remabas como un marinero
entre las heces, evitando montículos
de peste, ropa vieja, desechos humanos,
sobre una silla de ruedas que fue también
tu carabela por estos lugares encantados.

La Ciudad Mágica, que te dio abrigo entre sus
rascacielos, te regaló un vicio. Habías caído
del séptimo piso de un hotel, esto sucedió
a principio de los setenta, buscando caer
en la azotea de una embajada. Y caíste,
y dejaste los huesos y un ojo en la jugada.
Ergo, la silla de ruedas; ergo tu mano mutilada,
como una estatua griega contagiada
de negrismo. No querías saber lo que pasaba
afuera, sino dentro de ti mismo.
Entre los argentinos, que salieron al techo
a ver lo sucedido y que encontraron
a un Ícaro, el albatros de África,
en la azotea de su embajada, te portaste
como el hijo de esclavo que eras,
con la confianza y la paciencia de las razas
antiguas, rebeldes y sociables, y te
reíste de su vileza por entregarte a las
autoridades y negarte residencia
en la tierra de los miserables.

Te llamaste Esteban Luis Cárdenas.

Helter Shtetl

Homúnculo

El plomo (que en tu idioma es *plumbum*)
pierde los dientes al entrometerse
en los asuntos de las madrugadas
frente al horno y las sales simples
cuando los ojos desean al homúnculo
verlo saltar del fuego con pies desnudos
y soplarse los dedos (que en tu idioma son
«fingos», cinco) como si pronunciar
el número dividiera la carne
o si la luna por ser tu *moona* fuera
de plata, o si escapara el mercurio
de fuego invertido con alas, y esa misma pata
pisara las brasas y el plomo aullara
plúmbeo, plomizo, en los rincones,
convirtiéndose en churre, por un tamiz
devuelto al oro, espéculas de grasa
dispersas en las canas que excreta el polvo
y su gramo de sarna: de esos desechos, de esas
células muertas, de esas uñas mondadas,
el homúnculo traga, se hace negro y fiero,
es un mendigo que usurpó el derecho
a la palabra y entonó un himno nuevo
a la causa de causas desde el fondo del fuego.

Pomona

Como quien pela una naranja,
así dejarlo todo en lo escueto.
La cáscara mondada, una cinta,
y el pellejo albino, cruzado
de venas, glóbulos de masa,
el tejido de lo interno; y luego,
la pulpa dorada, vasos
de zumo apretados en ámpulas,
donde reposan las semillas
de un matiz ceniciento. Lo
rojo y lo amarillo hacen
allí su casa incandescente.
Meto el dedo en el ombligo
y obligo a la cáscara a desnudarse,
a romperse como un himen.
El dedo en lo jugoso y agridulce;
cabe en la palma de mi mano
un orbe; mis glándulas están hechas
como resortes de la vida,
y ensalivan. Los órganos segregan,
y la naranja chorrea, roja,
redonda y universal, como
un planeta deshabitado.

Acaso los sabores vengan
a la Tierra a través de los rayos
mensajeros de Marte y de la Luna,

fríos, ácidos, rugosos y densos
de lluvia planetaria, que
me cae en la lengua. Aprieto
las mandíbulas, atenazado por
el cuerpo del fruto. Dentro de
mí dará semillas y señas.
El árbol sefirótico amamanta
lo grande y lo pequeño.
Como se pela una naranja
y aparece el sentido escueto,
así dejarlo todo en lo profundo.

Helter Shtetl

Ya entendí, libro, que antes
de entenderte, no existes.
Una especie de desgano,
de prohibirte ser, y también
una manera de evitar que caigas,
no como un niño, sino como
un anciano, en el deber, en
el engaño de lo patente,
en el barro de lo aparente.
Quise mantenerte incompetente
y tibio. Sospechar de lo bello
es tu deber y tu compromiso.

Pero un día, al tenerte, al
contemplarte y volver a verte,
encontré que ya sabía tu nombre:
Helter Shtetl. ¿Qué hay
en un título? Un estado
de cosas, un estado especial,
un *eingestate* de pronunciamientos,
un álbum de los Beatles,
un villorrio jasídico hecho
polvo, una cuerda en la nieve,
el recuerdo de Isaac Bashevis
Singer en la universidad,
leyendo de su libro con voz
y dejo fuertes, ya viejo.

Todo esto fuiste como por espejo.
Entonces te vi en un filo del hielo,
entre la gente, tu sombra me cayó
como algo caliente en el pelo…

¡Ah, tus grandes entradas, *Helter Shtetl*!

Otaku

Un catálogo de sentimientos
expresados una vez en un
volante o en una obra
aislada, en un *show* lejano
de una galería dedicada al
manga; torpe y lascivo
desinterés, digamos, o
el desgano japonés; lo
experimentamos una sola
vez, ahora lo dejamos aletear
en el papel, el sentimiento
cruel, evaporado antes
de nacer, y esa rapidez en
desaparecer es su legado.

Velázquez y Rubens repasan El Escorial

Dados los claros zapatos, las hebillas
de plata, los tacones jorobados sobre
el entarimado, avanzan entre telas,
tensados hasta los dientes, señalando
el Tiziano radiante, los azules Bronzino.

Hay un aire de campo de Marte
en las trizas del cielo. Pero la redecilla, y allí
únicamente el aire, el céfiro del lienzo.
Basta que sople en el emolumento
ese viento tajado entre los cedros.
Lo que calla y espera es el espejo.
Tu suegro encontró aquí un Ribera,
y un frutero que parecía dar miel de otro
cuerpo, si la fruta acaramelada por el óleo
madurara por dentro, aunque por fuera.

Estas son las obras de mi desconcierto.
Estos son mis sueños despiertos. Hablan del
ayer en un lenguaje neutro, entre tú y yo.
Sabemos. Se dan los dedos, rezan juntos
frente al Tintoretto. ¿Para qué son los
santos de los templos? ¿Has probado el
barniz de trementina? Si no hay un
trazo de aceite en la retina, si la
gordura, el reuma o el glaucoma.

Las hebillas de cuatro pies divinos,
un centauro en las salas, la resina, la sal
o la pez rubia, las castañas al fuego de la alcoba,
donde los reyes de la pintura nombran
o deponen monarcas de cortes españolas
con solo mirarlos. La uva cimarrona
en un plato, un faisán obedece, como
un perro, y el perro reina sobre la corona,
en sus dominios no se pone el sol,
porque el sol en el lienzo nunca es súbdito
del que no declina. Y la estrella de bilis
en la yema del huevo determina el rumbo
de los barcos. Anclados a sus marcos...

La Fijeza

La pintura y la escritura
fueron hechas para ser miradas,

no habladas, no exclamadas
o explicadas: lo que ves, es.

Es lo que hay. Materia viva,
armonía restablecida,

estrella fija a la que
volverá la vista, una y
otra vez en busca de noticias.

Einstein y Gödel pasean por Linden Lane

Has de saber que la distribución de la materia
debe originar un cierto discutible
temblor en mi frente al dictar cátedra
sobre el presente. Un tiempo de miseria,
doble convaleciente, el caso de la histeria
de tu hijo adolescente, que morirá senil
en plena gloria, y el hijo que pariste en
mi memoria. (Escupe picadura, el humo
roza una explicación). Sobre el paraguas,
las rodillas, la esfera. No es el agua...

Bien, en lo que concierne a la rotación sobre el axis.
Pero si el tiempo abstracto desdeña lo fluido
es solo porque el caparazón de lo pensado, y
tal vez con él pueda fabricarse un círculo
donde la recurrencia quede intacta
de manera que todo se retracte
(el presente se encuentra en el pasado,
y el pasado, marcado con los dientes,
está en el centro y por todos lados).

El absurdo, si ideado, es complemento
en ese plano. Un muro gris de cemento, y
luego hay cuatro patas de bestias de trabajo
con zapatos simétricos, en pares. Einstein
y Gödel marchan, la Mercaba desciende
sobre New Jersey, las sandalias y el agua

en los charcos de diciembre, cuyo animal
sagrado tiene cuatro alas y cuatro caras: una
de águila, una de león (van y vienen),
una de toro y otra de máscara humana. El
nombre de dios está en tus canas, en el
epicentro del mañana. Caminamos alegres.

Materia en rotación: imperceptiblemente
el tiempo ha gravitado hacia el poniente.
Vuelto de espaldas toco el hombro de Einstein,
el presidente de la materia y el evento.
Estamos en Linden Lane, pateamos nieve.
El universo se abre a nuestros pasos breves.

El Louvre de Bergen-Belsen

¡Vamos, poeta, enróllate las mangas!
Tu manufacturado basalto cruje
en los pilones coronados por el sol
del oeste, cabalgando entre nubes,
enganchado al carro de la Crisis, de
ochocientos caballos de fuerza pura.

Abreviaturas de imperios en tu
plaquette de ceniza, en la producción
de escenas escritas y reproducidas
en masa, como si fueran realidad.

Evangelio autorizado y vaporizado en
varias etapas donde el destino del hombre
queda explicado, el amor agotado en
mil escenas menores, y cada ironía
hecha polvo: la ruina puede ser pródiga
en pleonasmos, la caída es la madre de toda
certeza. Momento único, ¡abre la boca!

¡Ven, poeta, embriágate en las aguas del
Hudson, abrevadero y vértice dulce,
Ganges del escritorzuelo tumbado en la
hierba, bebiendo en el espejo un azogue
más fuerte que el veneno! ¡Imposible,
imposible contemplarse hoy a sí mismo!

Los perros salieron a lamer las costras
de la ciudad. Es duro retener el
excremento cuando el alma propia
va saliéndose por el trasero y el ojo
escruta los cementerios en busca de eso
que después llamaremos «culminación».

¿Quién usó las palabras que todos sabemos?
¿No es hora acaso de aprender de los
letreros y arrancar con cinceles todo
lo escrito desde el principio del Imperio?
Pisotear las consignas que regresan disfrazadas
de lírica, de recuerdo. No se ha entendido
bien el alcance de lo vivo si seguimos
haciéndonos los muertos, vencidos ayer
tanto como hoy vencemos, engreídos, intrusos
en la tierra, adonde regresaremos tarde o temprano.

Entonces, ¿es posible escribir poesía después
del entretenimiento? ¿No ha sido nuestro Auschwitz
cien veces más largo en el tiempo, y nuestro
Bergen-Belsen más bello que un Louvre abierto?

La llave

El caballo muestra la grupa
en escorzo de Flandes.
Gorgueras de emplastes
rizados y tachismos súbitos.
¿Qué sonrisa modesta y sorda
cruza la cara del ambiguo Spínola?
Soldados rasos y vasallos
no son menos que los rayos
de las lanzas alzadas, negras
sobre fondo azul Tiziano.
No permite genuflexiones
el verdadero esclavo de
las apariencias; lo bello
no admite el beso de la
rodilla en el suelo, ni
el suceso recogido; el vuelo
de la perspectiva crea
toda la deferencia permitida.
Los caballos cocean, el mundo
es escenario de batallas,
pero de otro orden; hondo,
en lo profundo, un chancro
corroe el glande de un hombre,
y allí la historia es podredumbre
bajo el percal crispado de
las bragas. La pudrición esconde
la cabeza entre las piernas.

Se descubre lesión, la piel
enseña prudencia, bulle
en la selva negra la vileza
agazapada en el triunfo, y de ésa
queda un pronombre, el hueso,
y la plaza que pasa de manos.
El horizonte es también humano,
la vertical descansa: un lado
ha llegado hasta nosotros,
y basta. Todo significado
debe buscar la tela como
busca el barco la vela o como
un mapa busca la Tierra.
La novela de estas almas muertas
quedó pintada. Lucha retratada
en la corteza de lo real, sembrada
en la arena la memoria de la
guerra. Cualquier guerra, qué importa
si se rinde Breda o si se trataba
de deponer las almas ante las huestes
de las horas, con una llave negra.

Resignación

Toma una vida aceptar,
solo aceptar consume tantas
horas. Cocerás paulatinamente
el invierno, las hojas caídas,
si vienes de las zonas eternamente
verdes, de los piélagos y las
lomas. Toma una vida conocer
el cierzo, entender los pinos y
sus formas. Los bosques transformados
que se ahogan. Los lagos cuajados
que se quejan. Las nuevas cosas.

Y luego, con esa materia,
con el fango bajo la suela y la nieve
negra, con el sol en el lodo y el
temblor de las piedras, poder decirlo
en el poema. Decirlo te ha costado
la vida. Y ya que eres otro, abandonarlo
todo, descubrir otras selvas,
saltar bajo otras ruedas,
abrirte en otros ojos...

George Romero

Era un pueblo sencillo, de casas normalonas
y jardines cerrados, aunque comunicantes,
los parques y las rosas descendían de Marte,
distópicas auroras y atormentados ámbitos.

Cada cual en su sombra comía de las sobras
dejadas sin reservas por los fantaseadores.
En la selva había negros y en la sierra tractores
y abuelas sin cerebro y abuelos senadores.

Pero un día de otoño, al caer de una hoja,
apareció en el pueblo un muñeco de carne.
Tenía las uñas flojas y la boca de sangre.
Los ojos eran huecos rellenos de desastre.

¡Era el zombi a las puertas! ¡La *Kristallnacht* soñada
llegaba sin decirlo a rastrear el aroma
de los vivos! La muerte era su comadrona
y daba a luz carroña, procaz, procreadora.

El zombi comía mierda, carátulas de obras,
y todo lo que, helado, diera muestras de miedo.
El zombi era la muerte como místico enredo.
La carne sabía a gloria, y las tripas a *Jell-O*.

Cansado de ser gente decidió ser un perro,
y masticar cabezas. El sucio cementerio

era ahora su cueva por detrás del Imperio.
Cerramos las ventanas, nos roímos por dentro,

porque, afuera, la luna nos reía los huesos.
Salvajes en ayunas, cadáveres silentes
que supimos callarnos desde el hueco a la cuna.
¡Oh, nosotros, los muertos cansados e impacientes,

seguidores del zombi, sin voz ni voto, alzamos
los pies! (Los brazos iban al frente). Autómatas
en un pueblo sencillo, de casas normalonas,
rompíamos los huertos, causábamos estragos…

(Dicen que nuestra raza de asesinos a sueldo
salió de las cloacas de Santiago de Cuba:
Romero es más cubano que la carne con papas
cuando el *meat and potatoes* es un caldo de bruja).

Ditirambo a Príapo

¡Que todo en ti se concentre en el ombligo!
Ónfalo, signo de que estamos vivos. Nos mira
con su ojo de cíclope el glande parsimonioso.
Hay una cópula y dos manos que aprietan.
La hiedra negra, rubia como la cerveza,
crece en el tronco del roble que habitas.

La liebre se esconde en tu corteza. Las aves
vienen a posarse en tus venas, bajan
ríos de leche por tus piernas de piedra.

El sapo mama tu gorda calabaza,
redonda y eterna, sin asas, rechoncha
y caliente como una cabra, y tus
campanas cuelgan de las ingles.
Suenan. Dentro de cada una hay

seres infinitesimales que corren a gatas,
pequeñeces albinas que preñan o caen
en las hojas, gota a gota: Elixir de Larga Vida.
El chorro alcanza la palma de la
Resurrección. Tus patas de antílope flaquean
por el lechazo. La lechuza es un rayo de
cenizas. Todo aletea cuando Príapo se

avienta, y cuando mea en las paredes
el mundo se tiñe de dorado y de negro.

Un gamo ofrece su lomo tierno para que
lo montes, Padre. En el monte desapareces,
jinete monótono y súbito: Príapo vitalicio.

El hombre que vendió el tiempo

וימנע מרשעים אורם

Job 38:15

Soy el hombre que nació sin tiempo,
como sin sangre nació el vampiro.

Un judío me cambió el tiempo, un
usurero y prestamista. Soy el hombre

que nació con cuerpo, pero sin
orejas, ni manos, ni piernas.

Me desoriento; soy un tronco seco,
un reloj atrasado, el becerro humano,

el monstruo de las dos cabezas. Soy enano;
para mí el tiempo es pequeño, más

pequeño que mi mano. A veces soy
un gigante comparado con el tiempo;

pero vivo engañado, y quizás mi tamaño
no sea más que la prerrogativa del

desprecio. La era de los gigantes pasó
a segundo plano, adonde no llego

porque mis piernas se secaron, cedieron.
Se me ve en los ojos quién era; se advierte

en el sol que no me toca y en la piel
que se incendia, abochornada. Mi

imagen no resiste reflejarse en los cristales
porque allí el tiempo es complejo, es

la función trascendente del cero. Allí
soy viejo como un perro callejero, allí

soy el indigente del momento. No hay
corriente en el cristal de enfrente, ni

manera de sobornar al judío bolitero.
Moriré caliente, pero sin sueños, sin

verdadero amor, sin verdadera muerte.
A cambio de dinero di mi suerte; pero

una vez trocada, la moneda se revierte
en la conciencia: «Se hizo mi dueña».

Por dentro va el desastre, por dentro
va la deuda. Nací durante un eclipse;

mis progenitores acataron el fallo de
los dioses: «Fabricará cristales». Hasta

que no creas, dijeron, comerás de la hierba
seca de los tejados. Vomitarás ayeres.

Serás perro entre las fieras; mierda
en la ciudad perversa, vieja, enferma.

Serás el hombre que vendió el tiempo,
al que le falta un dedo y es ciego, como

un becerro humano. El vampiro del fluir.
El que no llegará nunca a lo de siempre.

Artes Poeticae

Prometemos no hablar de lo doméstico.
Ciertamente, no escribo para el pueblo.
¡A mí el pueblo no me ha dado nada!
Prometemos salirnos del coloquio,
ignorar las escenas de familia, no
escuchar su jolgorio, evitar el ritmo
de la lengua vuelta en contra de sí
misma. No hablar como los otros.
Agotar el ritmo y bailar antes que
caminar, o caminar intoxicado
por una ciudad que es la misma y
es otra. No hablar de libertad, de
la pobreza de los pobres de espíritu.
Que cada cual se las arregle como
pueda: de cada cual según su delirio.
Es el regalo que me dejó el marxismo.
Pero, sobre todo, ¡evitar el coloquialismo!
No hablar de todo, sino de unas pocas cosas
enredadas, odiosas, las más preciosas
y horribles. No mencionar a la esposa ni
a los niños. Saber lo que me pasa (lo
que pasa realmente) es mucho más que
un libro dejado sobre la mesa: es un abismo,
y nada, absolutamente nada, lo expresa.

CPSIA information can be obtained
at www.ICGtesting.com
Printed in the USA
BVHW042001020522
635912BV00003B/110

9 789491 515330